Charlotte Mitsch

DIE **PERFEKTIONS** *FALLE*

Was gute Erziehung wirklich ausmacht!

GOLDEGG VERLAG

Bildrechte Autorenfoto: Privatfoto
Covergestaltung: Alexandra Schepelmann | schepelmann.at
Coverfoto: Shutterstock/altafulla

Der Verlag und seine Autorin sind für Reaktionen, Hinweise oder Meinungen dankbar. Bitte wenden Sie sich diesbezüglich an verlag@goldegg-verlag.com.

Der Goldegg Verlag achtet bei seinen Büchern und Magazinen auf nachhaltiges Produzieren. Goldegg Bücher sind umweltfreundlich produziert und orientieren sich in Materialien, Herstellungsorten, Arbeitsbedingungen und Produktionsformen an den Bedürfnissen von Gesellschaft und Umwelt.

ISBN Print: 978-3-99060-027-6
ISBN E-Book: 978-3-99060-028-3

Friedrichstraße 191 • D-10117 Berlin
Telefon: +49 800 505 43 76-0

Goldegg Verlag GmbH, Österreich
Mommsengasse 4/2 • A-1040 Wien
Telefon: +43 1 505 43 76-0

E-Mail: office@goldegg-verlag.com
www.goldegg-verlag.com

Layout, Satz und Herstellung: Goldegg Verlag GmbH, Wien
Druck und Bindung: FINIDR, CZ

Meinem Mann, Wolfgang
und unseren beiden Kindern
Stephan und Patricia
in Liebe gewidmet

*»Wenn die Kinder klein sind, gib ihnen Wurzeln,
wenn sie größer werden, gib ihnen Flügel!«*
KHALIL GIBRAN

Inhaltsverzeichnis

Vorwort – für Eltern und jene, die es vielleicht noch werden wollen 11

Ein neuer »Job« – für immer und ohne Einschulung ... 15
Kinder – Entwicklungsmotor für uns Eltern 20
»Mami, hast du schon wieder eine schlaue Doku gesehen?« 21
Eltern: Vorbilder oder abschreckende Beispiele? 22

Das Beste für mein Kind! 25
Entscheiden für einen Erziehungsstil? 25
Warum es ohne »Fehler« nicht geht 26

Was sind die Grundbedürfnisse unserer Kinder und wie können wir sie erfüllen? 37
Der »innere Garten« des Kindes 37
Der Orientierungsplan der guten Erziehung: die vier Grundbedürfnisse 40
Auf das Vertrauen kommt es an! 53
Wie Sie sich als Paar für ein glückliches Leben mit Ihrer Familie wappnen 55
Lebt Ihre Beziehung? 57
Welche Erziehungsstrategie ist sinnvoll? »Bringt es etwas, wenn …?« 61
Ein Blick in den Spiegel: Die Macht unserer Haltungen . 70

»Perfektionsfallen« – auch in der Erziehung? 73
Überdosis 73
Eine strenge innere Stimme lässt uns starr werden 74
Was treibt uns an? 76
Eiserne Disziplin oder grenzenlose Freiheit – über Glaubenssätze und Perfektionsfallen 83

Gute Förderung und Förderwahn – eine Gratwanderung 102

Autonomie: sich aus dem »Nest« trauen … 107
Wie entwickeln Kinder ihr Potenzial? 107
Zaubermittel Sprache und soziales Verhalten 110
Genuss- und Glücksfähigkeit 112

Erziehung »nach Maß« statt »von der Stange« 115
Geschlechterstereotypen, Sternzeichen & Co 116
Alle Kinder brauchen Grenzen – oder? 118
Überforderte Erstgeborene, mitlaufende »Sandwichkinder«, beneidete »Nesthäkchen«, verwöhnte Einzelkinder 120
Miteinander kindgerecht reden: Wie merken wir, dass etwas schiefläuft? 122

Was Kinder wirklich brauchen: ein Streifzug durch die Zeit mit unseren Kindern 131
Schwangerschaft – einfach nur das »Nest« für ein neues Leben 131
Geburt und die erste Zeit danach 135
Säuglingszeit: einfach da sein – die erzieherische Schonfrist für Eltern 138
Kleinkinderzeit – wenn Kinder in allem schneller sind, als man denkt 144
Schulzeit – wenn Kinder und Eltern die Schulbank drücken 157
Jugendalter – wenn Eltern beginnen, ihren Kindern »urpeinlich« zu sein 169
Erwachsenenalter – die große Freiheit? 183
Am Ende dieses Kapitels auf den Punkt gebracht 188

Elternschaft als Turbo-Ausbildung 191
Jobbeschreibung einer Mutter mit Lebenslauf 192
Die alltäglichen Herausforderungen – »das bunte Treiben« 195
Endgültig erwachsen werden müssen 198
Automatisch fit durch Kinder! 200
Flexibilität, Spontaneität, kreatives Problemlösen: alles anders und das rasch, bitte! 204
Zeit- und Eventmanagement 211
Soziale Fertigkeiten 212
»Damit hätte ich mich nie befasst!« Wissenszuwachs und Gehirnjogging 217
Wir Eltern 223

Danksagung 224

Vorwort – für Eltern und jene, die es vielleicht noch werden wollen

Welche Eltern wollen nicht eine glückliche Geburt, ruhige, nachts schlafende Babys? Wer will nicht ungeschoren durch die Trotzphase der Kleinen kommen? Wer möchte nicht Kinder haben, die in der Schule problemlos alles schaffen, gute Freunde haben, angenehme Zeitgenossen sind und sich dennoch im Leben durchsetzen? Wer fürchtet sich nicht ein kleines bisschen vor der Pubertät und den schrägen Dramen, die sich da womöglich abspielen könnten? Wer möchte nicht vermeiden, dass das eigene Kind irgendwann beim Psychotherapeuten landet? Wer möchte nicht am Ende des Tages das Gefühl haben, eine gute Mutter, ein guter Vater zu sein? Aus diesem Grund versuchen wir Eltern möglichst ungeschoren – oder besser noch: so perfekt wie möglich –, durch die Welt der erzieherischen Anforderungen zu gelangen.

Wohl alle Eltern kennen aber die Momente, in denen sie im Umgang mit ihren Kindern verunsichert sind oder einfach nicht mehr weiterwissen, obwohl sie sich bemühen, ihren Kindern das Beste zu geben. Kinder stellen uns regelmäßig auf die Probe und verhalten sich schlichtweg oft nicht so, wie es in den Ratgebern steht oder wie wir es in unserer Ausbildung gelernt haben. Auch propagierte »Erziehungstricks« garantieren noch lange nicht, dass sie gerade beim eigenen Kind funktionieren. Aber nicht deshalb, weil Kinder »böse« wären, sondern weil sie einfach vitale Lebewesen mit ungeheuer großem Ideenreichtum sind, die sich noch dazu sprunghaft entwickeln. Kinder reagieren also nicht immer nach Plan – *wir Eltern aber auch nicht!* Wer ist schon *immer* geduldig, weiß *immer* die richtige Antworten auf alle Fragen? Gibt es überhaupt *immer* nur eine richtige Lösung? Wohl kaum!

Warum ich mir so sicher bin? Ich bin nicht nur selbst Mutter von zwei Kindern, sondern auch Psychotherapeutin. So wie Sie, liebe Eltern, schaffen es meine Kinder ebenfalls, mich trotz meines Berufs mit ihren Reaktionen regelmäßig zu überraschen und auch ich reagiere nicht immer ideal.

Als Eltern müssen wir uns alle stets etwas Neues einfallen lassen, um den Entwicklungsanforderungen unserer Kinder entsprechend zu begegnen. Eltern lernen also nie aus! Wie steht es dann aber mit der »perfekten« Erziehung? Gibt es sie überhaupt oder ist sogar eine Erziehung, die »gut genug« ist, vielleicht sogar für alle Beteiligten der bessere Weg? Laufen wir sonst nicht womöglich Gefahr, in eine *»Perfektionsfalle«* zu geraten? Woher wissen wir, dass wir auf dem richtigen Weg sind? Worauf sollten wir als Eltern bei uns selbst achten?

Fragen über Fragen, die wiederum mit einer Flut unterschiedlichster, manchmal sogar widersprüchlich anmutender Erziehungstipps von der Familie, Bekannten, aus Büchern oder Dokumentationen einhergehen können.

Deshalb möchte ich Ihnen mit diesem Buch dabei helfen, aus dem Thema Erziehung einerseits genau den *Druck* zur Perfektion herauszunehmen, andererseits einen *Überblick* dahingehend bringen, worauf es in der Erziehung ankommt. Zu erkennen, welche Fehler ins Gewicht fallen und welche nicht, ist eines der Hauptanliegen dieses Buchs, da es dort ansetzt, wo es wirklich wichtig ist! Diese *»Orientierung«* an den menschlichen Grundbedürfnissen stimmt schon deshalb *immer*, weil sie sich an das hält, was *jedem* Menschen wichtig ist – egal wo und unter welchen Umständen er lebt.

Je nach Alter und Entwicklungsstand des Kindes ändern sich die Herausforderungen an uns Eltern laufend, weshalb wir unser Hauptaugenmerk auf die Erfüllung der Grundbedürfnisse richten sollten. So vermitteln wir einem Kleinkind Geborgenheit wohl anders als einem Jugendlichen. Deshalb unternehmen wir in diesem Buch einen Streifzug, der durch die Zeit der Schwangerschaft bis hin zum Erwachsensein führt. Für jede Entwicklungsstufe finden Sie am Ende des Kapitels zu Ihrer besseren Orientierung *»Spickzettel«* mit konkreten, zusammenfassenden Hilfen, die Sie, liebe Eltern, an Ihre jeweilige Situation anpassen können.

In diesem Buch werden Sie unterwegs auf viele bunte Beispiele aus dem Leben von Eltern mit ihren Kindern treffen und ich vermute, dass Ihnen so manches recht bekannt vorkommen wird. Ich bin mir deshalb sicher, dass Sie sich das eine oder andere Schmunzeln nicht verbeißen werden können!

Mir ist es ein Anliegen, dass Sie sich am Ende des Buchs als *»gute Eltern«* und somit auf einem sicheren Erziehungsweg fühlen und Ihre Elternschaft noch mehr genießen können.

Ihre *Charlotte Mitsch*

Ein neuer »Job« – für immer und ohne Einschulung

Endlich ist das heiß ersehnte Baby da! Jetzt kann der Familienidylle nichts mehr im Wege stehen ... oder? Das Baby schreit aber, trotz größter Fürsorge, bis es violett anläuft, das Geschwisterchen stampft zornig mit seinen Füßchen auf den Boden, weil es etwas nicht darf. Der Lieblingsbär beruhigt das »große« Kind auch nicht – im Gegenteil! Der Bär fliegt in hohem Bogen in die Ecke ...

Ein »Erstklässler« müht sich gerade mit der ersten Hausaufgabe seines Lebens ab und ist verzweifelt, weil er einen Buchstaben falsch geschrieben hat und diesen nicht wegradieren will. Währenddessen hat sich die jüngere Schwester dazu entschlossen, den Lippenstift, den sie in Mamas Handtasche gefunden hat, zu kosten, um ihn danach als besten Malstift der Welt zuerst im Gesicht und anschließend großzügig auf dem Boden zu verwenden, den Sie gerade aufgewischt haben. Soll ja alles tipptopp sein! Dabei haben Sie der Kleinen doch erst gestern so tolle, kindgerechte, biologische, von Experten kreierte Farbstifte und einen Block mit ihrem Lieblingsmotiv gekauft, aber die schmieren nicht so schön! Darin sind Mandalas, die entspannend wirken sollen. Aber nein, sie will die Mandalas einfach nicht. Das Schulkind kreischt seine kleine Schwester an, sie solle »seinen« Fußboden in Ruhe lassen und endlich mit dem Quietschen aufhören! Gleichzeitig läutet das Handy, die Waschmaschine piepst, weil sie fertig oder das Flusensieb wegen einer in der Hosentasche vergessenen Münze verstopft ist.

Stress pur! Wie jetzt pädagogisch richtig reagieren und gleichzeitig Schadensbegrenzung betreiben? Gibt es in solchen Situationen überhaupt die eine »richtige« Maßnahme? Ich glaube nicht! Und falls doch, bleibt wenig Zeit, sie aus dem persönlichen Erziehungs-Werkzeugkoffer in Ruhe herauszusuchen!

Im Supermarkt wirft sich ein Kind mit Zornesgebrüll auf den Boden, während das Baby im Einkaufswagen sitzend seinen Spaß hat, seine nach neuesten Erkenntnissen kreierte Rassel wiederholt auf den Boden fallen zu lassen, nachdem der Apfel im Regal, von der Mutter unbemerkt, kurz einmal angeknabbert wird.

Wer kennt nicht diese Art von Situationen, die bei uns Stress in Form von Mitleid oder schrecklichem Schamgefühl auslösen? Seien wir ehrlich! Da hilft nur eines: Nerven bewahren, ruhig bleiben und die Situation möglichst bald verlassen, um für das nächste Mal einen besseren Plan für das aktuelle Projekt »Einkaufen mit Baby und trotzanfälligem Kleinkind« zu entwerfen und diesen in der Folge auf seine Alltagstauglichkeit zu überprüfen.

Überall gleichzeitig zur Stelle sein und die richtigen Worte finden, kurz, die beste Mama, der perfekteste Papa der Welt zu sein, ist – ein ziemlich anspruchsvolles Vorhaben! Jetzt wären zusätzliche Arm-, Augen- und Beinpaare und der eine oder andere »Gelassenheits-Ersatznerv« angenehm, um allen Anforderungen nicht nur gut, sondern bestens gerecht zu werden. Außerdem wäre es von Vorteil, die Augen seitlich positioniert zu haben und diese wie ein Chamäleon unabhängig voneinander bewegen zu können. Wie gutmütige Ungeheuer würden wir aussehen, die dann und wann vor Stress rot anlaufen oder blass werden, wenn uns das Kind in eine blamable Situation bringt. Auf diese Idee kam übrigens mein damals fünfjähriger Sohn, der sich über meinen erfolglosen Versuch, seinen Wünschen und denen seiner damals zweijährigen Schwester gleichzeitig zu entsprechen, prächtig amüsierte. Ja, manchmal strudelt man sich so richtig ab! Vielleicht hören wir dazu noch den verbreiteten Satz, zu dem wohlgemerkt auch Frauen in der Lage sind: »Was hast du? Du bist ja eh nur daheim bei den Kindern? Das kann ja nicht so schwierig sein. Wie langweilig!«

Zu all diesen Zwischenrufen von außen kommt, dass sich Kinder recht sprunghaft entwickeln. Haben wir uns endlich mit einer Entwicklungsstufe und den aktuellen Notwendigkeiten arrangiert, gelten manche Gegebenheiten von heute auf morgen nicht mehr. Betrachten wir das Entwicklungspensum eines Kindes vom Baby bis zum Jugendlichen, bemerken wir überaus krasse Veränderungen, die wir als Eltern erst einmal verdauen müssen, weshalb wir mit unserem Verhalten der Entwicklung der Kinder gegenüber hinterherhinken: Aus dem hilflosen Baby ist nach etwa zwei Jahren ein Kleinkind geworden, das lautstark sein neues Lieblingswort, nämlich *»Nein«*, zelebriert. Wenn Ihr Kind drei Jahre alt ist, sollten Sie sich etwas einfallen lassen, wie Sie etwaige Gespenster aus dem Kinderzimmer vertreiben. Außerdem müssen Sie dem Kind beibringen, dass es nachts irgendwann nicht mehr selbst wie ein Gespenst im elterlichen Schlafzimmer auftaucht, Sie so lange anstarrt, bis Sie vor Schreck endlich hellwach sind, um dann über Ihren Kopf zu klettern, sich zwischen Sie beide zu pferchen und fast aus dem Bett zu werfen. Mit spätestens dreizehn Jahren ist aus dem Kleinen ein Jugendlicher geworden, der Sie darauf hinweist, dass er dreizehn ist und schon alles selbst »checken« kann. Außerdem sollen Sie bitte nicht einfach so sein Zimmer betreten und nach dem Gute-Nacht-Sagen dieses zügig verlassen. Fort ist sie, die Angst vor dem Krokodil unter dem Bett!

Die einhellige Meinung besteht darin, dass es immer anders ist, eigene Kinder großzuziehen, als sich mit den Kindern anderer zu befassen – sei es als Angehörige oder beruflich. Gerade Vertreter aus dem pädagogischen oder psychologischen Bereich merken schnell, dass die berufliche Kompetenz noch lange nicht bedeutet, dass sie als Eltern im Leben mit ihren Kindern vor zwischendurch auftretenden Gefühlen der Ratlosigkeit und der Erkenntnis, so manche Situationen »in den Sand« gesetzt zu haben, verschont bleiben. Deshalb ist die beste pädagogische oder psychologische Ausbildung, trotz zuzugebender Vorteile, keine echte »Einschulung« für die eigene Elternschaft. Auch ich, obwohl ich »vom Fach« bin, ertappe mich immer wieder dabei, wie mir mein »Psychologisches Ich«, das offenbar irgendwo hinter meinen Ohren versteckt ist, deutlich zuflüstert: »Also, pädagogisch richtig war das jetzt nicht! Du weißt schon, dass er jetzt nicht so gut reagieren wird und du weißt auch genau warum?« Zu spät! Gesagt ist gesagt, ob Psychologin oder nicht.

Auch fühle ich mich manchmal wie beim Glücksspiel, wenn nicht klar ist, welche Alternative im Moment die optimale ist: Soll ich mein Kind daran erinnern, dass es heute noch nicht auf seinem Musikinstrument geübt hat oder nicht? Sprich, ist es froh über die Erinnerung oder löse ich Empörung aus, dass es ja kein Baby mehr sei und sich das »selbst checkt«? Andererseits klappt es verständlicherweise mit dem Zeitmanagement von Kindern noch nicht so richtig und der Vorspielabend in der Musikschule ist ja »erst« übermorgen. Und außerdem steht eine Biologie-Wiederholung auf dem Programm. Auch wenn ich mich sehr bemühe – immer funktioniert der »perfekte« Plan einfach nicht. Sie können also beruhigt sein – ich bin keine »Wunder-Mama«! Was nicht heißt, dass sich nicht meine Kinder manchmal über mich wundern können. Letzteres ist vor allem in der Pubertät der Sprösslinge an der Tagesordnung. So erntete ich neulich Anerkennung von meinem vierzehnjährigen Sohn, weil ich zu seiner Überraschung eine Funktion an meinem Handy erklären und über die Qualitäten einer »App« mit ihm diskutieren konnte. Damit punktete ich fast mehr als mit einer Pizza, die er sich übrigens bereits selbst gerne zubereitet.

Dann wieder überrollen uns Tage, an denen wir als Eltern »geehrt« werden sollen, die aber Gefühle des Versagens auslösen können: der Muttertag, gefolgt vom Vatertag im Sinne männlicher Emanzipation. Die Geschäfte sind überfüllt mit Blumen, Schokoladen und Parfüms, mit jeder Menge Herzen in allen Größen und Farben. In der TV-Werbung werden bei rührseliger Hintergrundmusik die immer gelassenen, souveränen Mütter gezeigt, die es schaffen, aus einer tobenden, mit Piercings übersäten jugendlichen Dramaqueen im Handumdrehen eine streichelweiche, einsichtige Tochter zu zaubern, die vor Dankbarkeit dahinschmilzt. So toll läuft es in der Realität oft nicht. Dennoch: Welche Eltern sind nicht zu Tränen gerührt, wenn die Sprösslinge am Mutter- oder Vatertag mit Gedichten, Basteleien oder später mit einem einfachen »Danke« zeigen, dass Sie als Eltern nicht »durchgefallen« sind; oder zumindest nicht komplett?

Sollten Sie sich bei dem einen oder anderen Beispiel »ertappt« fühlen, so können Sie sich sicher sein, dass Sie damit nicht allein sind. Niemand ist davor gefeit, sich eingestehen zu müssen, in manchen Situationen pädagogisch durchgefallen zu sein – oft hätten wir es nachher besser gewusst! Das Buch dient also keineswegs dazu, Schuld zuzuweisen oder Schamgefühle auszulösen, sondern soll dazu einladen, einen Schritt nach hinten zu treten, um zu überprüfen, ob sich der gewählte Weg bislang bewährt hat, was beibehalten und was verbessert werden könnte. Kurz, ich möchte Sie dazu ermuntern, auf optimistische Art und Weise die Erziehung oder besser noch, das Leben mit den eigenen Kindern, zu bilanzieren. Optimistisch kann uns stimmen, dass Menschen prinzipiell ein Leben lang lernfähig sind, weshalb Schieflagen, die zwischendurch entstehen können, durchaus mit der entsprechenden Kurskorrektur aufgelöst oder zumindest gelindert werden können. Wir dürfen also

sollen, brauchen Sie deshalb nicht! Erstens würde Ihr Kind Sie nicht ernst nehmen, wenn Sie plötzlich mit völlig ungewohnten Formulierungen auftrumpfen wollen, sondern Sie bestenfalls seltsam finden. Je nach Alter reagieren Kinder irritiert oder entlarven Sie: »Mama, hast du schon wieder eine Doku gesehen oder eines der schlauen Bücher gelesen?« Eine Reaktion, die nach fortgeschrittener Pubertät anmutet, gibt noch eins drauf: »Also Mama, du glaubst aber auch alles, was im Radio gesagt wird oder was du im Internet liest!« Peng! Geschlagen mit den eigenen Waffen, weil ich die gleichen Argumente bei meinen Kindern benutzt habe. Wie so oft: Eins zu null für das Kind! Zweitens können wir unmöglich für jede Situation und vor allem für jedes Kind »die richtige« Formulierung in einem Buch festlegen. Dazu kommt, dass nicht jede auf den ersten Blick gleiche Situation wirklich gleich ist. Ein »Drehbuch« für Erziehung untergräbt eines der wichtigsten Werkzeuge: Flexibilität in der Erreichung eines klaren, am Ende einheitlichen Erziehungszieles, das unseren Kinder dabei hilft, sich zu selbstständigen und glücklichen Erwachsenen zu entwickeln. Und gerade diese innere wie auch äußere Wendigkeit brauchen wir, sobald wir unser Kind zum ersten Mal in den Armen halten, da die Kunst der Improvisation immer wieder die korrekte Planung schlägt. Mit anderen Worten: Auf der Bühne des Erziehungsalltags ist das Stehgreiftheater gefragt!

Eltern: Vorbilder oder abschreckende Beispiele?

Kaum jemand wird daran zweifeln, dass es für Kinder besser ist, wenn Eltern, mit einer positiven Grundhaltung ausgestattet, miteinander liebevoll wertschätzend umgehen und Probleme verschiedenster Art gemeinsam lösen. Eltern, die jedoch kein Interesse aneinander haben, sich gegenseitig abwerten oder sogar gewalttätig sind, selbst Alltagsprobleme nicht entsprechend meistern und sie lieber unter den Teppich kehren oder mit Alkohol überlagern, bieten Kindern nicht die Basis, die sie verdienen. So viel ist klar!

Mit der Geburt unserer Kinder sind wir nicht mehr nur für uns selbst verantwortlich. Alles, was wir tun, wirkt in irgendeiner Form auf unsere Kinder, weshalb wir sie in unserem Denken und in unseren Entscheidungen niemals vergessen sollten. Kinder bekommen alles irgendwie mit und wenn nicht gleich, dann später die Folgen unseres Verhaltens. So präsentieren wir uns ...

- ... bei der Bewältigung von all dem, was der banale Alltag mit sich bringt: Haushaltsführung, Job, Ausbildung, Finanzen etc.,
- ... beim Umgang miteinander: Partnerschaft, Familie, Freunden,
- ... bei der Konfrontation mit psychischen und körperlichen Belastungen,
- ... beim Umgang mit Leistung und Freizeit.

Da offenbar kein Lebensbereich ausgeschlossen bleibt, wird ersichtlich, wie umfassend unser Einfluss ist und weshalb unsere eigene Persönlichkeit und unser Verhalten für eine gelungene Erziehung maßgeblich sind. Es geht also nicht nur darum, die Kinder selbst mit den »richtigen« Strategien zu erziehen, sondern in großem Ausmaß auch darum, wie wir mit uns selbst und unserem Leben umgehen.

Erziehung kann niemals getrennt von uns selbst und unseren Erfahrungen betrachtet werden. Es bringt Ihnen nichts, wenn Sie einfach versuchen, bloße »Erziehungsmethoden« anzuwenden, da sie für sich allein »Schall und Rauch« sind und Eltern lediglich versuchen würden, wie Schauspieler eine Rolle zu spielen. Eltern, die sich permanent streiten, werden ihren Kindern kaum authentisch bei der Lösung ihrer Konflikte helfen können.

Eltern, die sich nicht in jemand anderen einfühlen können, weil sie nur die eigene Sichtweise als unumstößlich richtig anerkennen wollen, werden empfohlene Gesprächstechniken wie das »aktive Zuhören« nur mechanisch anwenden. Sie werden dabei unecht wirken und wahrscheinlich das Ziel verfehlen. Dafür sind offene, entwicklungsbereite, aber auch gefestigte Eltern, die in moderatem Ausmaß über sich selbst nachdenken können, meist flexibel genug, um verschiedene Erziehungsmethoden entsprechend maßgeschneidert anzuwenden.

Das Beste für mein Kind!

Entscheiden für einen Erziehungsstil?

»Autoritäre Erziehung ist das einzig Wahre«, »Meine Kinder sind meine besten Freunde«, »Wir diskutieren über alles«, »Mein Kind soll völlig ohne Grenzen aufwachsen«; »autoritär«, »demokratisch« oder »laissez-fair«? Seit Langem versucht der Mensch, die Erziehung der Kinder zu hinterfragen, zu erforschen und zu optimieren. Je nach Lebenssituation und allgemeinem Zeitgeist wird der eine oder andere Stil favorisiert.

Die bezeichneten »Erziehungsstile« sind als Versuch zu werten, einen Überblick über mögliches pädagogisches Verhalten zu erlangen und alles andere als ein Kochrezept. Wie in allen Lebensbereichen trifft es auch für den Erziehungsstil zu, dass Extreme wohl wenig förderlich sind, weshalb eine gute Mischung angebracht ist. Aber wie kann man autoritäres Verhalten Kindern gegenüber gutheißen? Wenn Ihr Kind unbedingt im vierten Stock bei offenem Fenster auf das Fensterbrett klettern will, wird ein »demokratischer« Stil nicht angebracht sein. Andererseits wird es sich für die Förderung eines Kindes im Allgemeinen nicht so günstig erweisen, wenn kindliche Zeichnungen vom Erwachsenen permanent ausgebessert, eine unbeliebte Speise aufgezwungen wird oder seine Wünsche nur selten Gehör finden. Autoritäres elterliches Verhalten ist hier nicht als Einengung und Unterdrückung zu verstehen, sondern als Schutz und Halt. Es ist nötig, Grenzen zu setzen oder Stützen zu bieten, um Hürden zu überwinden, wenn es die Situation verlangt. Richtig angewendet vermittelt dieses Verhalten Sicherheit. Als Eltern sind wir aufgerufen, möglichst flexibel auf unsere Kinder zu reagieren. Welcher Stil also nun der »richtige« ist, hängt von der Situation, vom Kind und von uns selbst ab. Der gemeinsame Nenner sollte prinzipiell in unserem einfühlsamen Wohlwollen dem Kind gegenüber liegen.

Warum es ohne »Fehler« nicht geht

Ist es Ihnen schon passiert, dass Sie ein für Sie unbrauchbares Geschenk bekommen haben oder eines, das Ihrem Geschmack nicht entspricht? Gefällt Ihnen jedes Lied, das im Radio gespielt wird? Schmeckt Ihnen jede Speise, gleichgültig, was man Ihnen auftischt? »Knödel« oder »Klöße« sind in unseren Breitengraden beliebt, in anderen Ländern lacht man darüber und findet dieses Gericht abwegig. In China sind stundenlang in Knabenurin gekochte Eier eine Delikatesse und werden auf der Straße wie Pommes verkauft. Man kann beobachten, mit welchem Appetit die Menschen diesen für uns eher unvorstellbaren Snack verschlingen.

Tatsache aber ist, dass es all die unterschiedlichen Gerichte, Kleidungsstile, Musikrichtungen etc. gibt, weil sie von den Menschen bewusst aufgrund verschiedener Vorlieben kreiert werden. Allein wegen dieser banalen Unterschiede zwischen uns Menschen ist es unmöglich, im Umgang miteinander ohne »Irrtümer« auszukommen. Diese Erkenntnis ist gleichzeitig eine wichtige Zutat für die gute Erziehung unserer Kinder, da wir in vielen Belangen ebenso nicht wissen können, was ihnen gefällt, guttut oder eben nicht. Wir können etwas besonders gut meinen, und trotzdem kann es uns passieren, dass wir beim anderen den für uns selbstverständlichen Effekt nicht erzielen.

Zum Geburtstag meiner dreijährigen Tochter wollte ich ihr eine besondere Überraschung bereiten: eine Paradieskerze auf der Torte! Doch sie brüllte wie am Spieß, weil diese funkensprühende Kerze bei ihr Angst auslöste. Gut gemeint, aber voll daneben! Sie brauchte lange, um zu realisieren, dass diese Kerze nicht den Weltuntergang bedeutete. Natürlich war die Kerze nach Erwachsenen-Verständnis vollkommen harmlos und ungefährlich. Hatte ich also etwas falsch gemacht? Nein! Es war ein »Missverständnis«. So etwas passiert Eltern in vielen Situationen. Bei einem anderen Kind hätte diese Kerze vielleicht begeisterte Zustimmung hervorgerufen.

Irrtümer dieser Art sind weit verbreitet: Vielleicht schmeckt der besonders empfohlene Bio-Drink am Morgen einfach nicht, der süße Pulli kratzt oder das Einjährige hat viel mehr Freude mit dem Zerreißen des Geschenkpapiers und wirft den liebevoll, mit viel Mühe ausgesuchten, womöglich teuren Inhalt achtlos beiseite. Die Patentante lächelt verkrampft und wir Eltern fühlen uns schuldig und bemüßigt, die Situation irgendwie zu retten. Haben doch wir vielleicht sogar selbst den Vorschlag für das Geschenk unterbreitet?

Unsere damals vierjährige Tochter wartete ungeduldig auf Weihnachten, das Fest, an dem das Christkind kommt, das Baby von Maria und Joseph. Wir hatten uns dazu entschlossen, ihr eine Babypuppe zu schenken, die ich mit Glitzerkleid und Kopfschmuck als richtiges, kitschiges Christkind dekorierte. Wir setzten die Puppe unter den Christbaum. Ein Kindertraum würde in Erfüllung gehen – so dachten wir uns. Als endlich das Weihnachtsglöckchen läutete und wir die Feier andächtig begannen, bemerkte ich die suchenden Blicke meiner Tochter: »Also, wo ist denn nun das Christkind?«, fragte sie irritiert. Stolz zeigte ich auf die

Puppe, die ich mit großer Mühe und viel Liebe hergerichtet hatte, das Handy griffbereit, um den rührenden Moment als Foto festzuhalten. Doch der Effekt blieb aus: »Ach so, ich dachte, da ist jetzt ein ›richtiges‹ Baby!«, war die Reaktion. Ich weiß nicht mehr, bei wem die Enttäuschung größer war: bei ihr oder bei mir? Tatsache jedenfalls ist, dass diese Situation »schiefgelaufen« war. Dies bedeutete eine Lektion im Fach »Kindererziehung«: Nicht alles, wovon wir glauben, dass es Kindern gefällt oder gut ist für sie, ist tatsächlich gut. Völlig verständlich, oder? Dennoch können uns diese kleinen Situationen, Ernüchterungen und Enttäuschungen wie kleine Nadelstiche treffen – vielleicht deshalb, weil wir nach unseren eigenen Wünschen gehandelt und somit auf unsere Kinder geschlossen haben? »Ich wäre damals froh gewesen, wenn ich so eine schöne Puppe/eine Spielzeugeisenbahn/Ballettstunden/oder sonst etwas bekommen hätte …!« Wer kennt solche Gefühle nicht?

Wir sehen an diesen Beispielen, dass der Alltag von »Fehlern« und Missverständnissen durchzogen ist. Viele davon sind nicht weiter schlimm, da sie lediglich »an der Oberfläche kratzen«. Günstig ist es, solche Irrtümer zu erwarten, um flexibel darauf zu reagieren, anstatt in tiefer Beleidigung oder im Selbstzweifel zu versinken.

Der Jammer mit der Konsequenz

Konsequenz als Zaubermittel in der Erziehung hat in dem Sinne seine Berechtigung, als wir Kinder nur dann gewisse Verhaltensweisen beibringen können, wenn sie klare Auswirkungen auf ihr Verhalten erleben. Je »sauberer« und konsequenter Kinder Direktiven erleben, desto schneller lernen sie all das, was sie für eine gute Entwicklung brauchen. Dazu gehören körperliche Fertigkeiten, Sozialverhalten und nicht zuletzt das Erlernen des Schulstoffes. »Wer die Hausübung nicht bringt, bekommt ein Minus, wer bei der Wiederholung fast alles weiß, bekommt ein Plus. Wer zwischen zwei Noten steht, bekommt die bessere, wenn er mehr Plus- als Minuspunkte hat«, könnte das in der Schule lauten. Und in der Erziehung daheim? Eltern werden oft beschuldigt, nicht konsequent zu sein, was tatsächlich manchmal in zu hohem Ausmaß der Fall ist. Tatsache jedoch ist, dass niemand *immer* konsequent sein kann. Das funktioniert in vielen Bereichen in der Realität nicht! Wenn wir unserem Kind eindringlich vermitteln, dass es sein Handy sofort nach dem Ende dieses Spieles weglegen soll und Ihr Handy läutet währenddessen, die Suppe droht überzukochen oder der Paketdienst kommt, werden Sie ungewollt inkonsequent sein und wohl auch nicht erwarten, dass das Kind tatsächlich das Handy freiwillig weggelegt hat! Ist das sehr schlimm? Nein, denn es entspricht unserer Lebensrealität! Das bedeutet nun nicht, dass wir *nie* konsequent sein müssen, sondern wir sollten es *meistens*, im Sinne der »80:20«-Regel sein und die Folgen, die wir angekündigt haben, dann auch einräumen.

Haben Sie sich schon über einen Strafzettel geärgert, der folgte, weil Sie das Tempolimit überschritten haben? Aber nicht jeder, der mit achtzig Stundenkilometer durch das Ortsgebiet braust, muss die entsprechenden Konsequenzen tragen. Warum? Weil nicht immer überall jeder und alles überwacht werden kann. Dasselbe gilt für die Erziehung: Kinder verhalten sich manchmal anders, als wir wünschen oder erwarten, und wir sind einfach nicht immer dabei, um sie darauf hinzuweisen.

Das ist auch gut! Denn würden wir Eltern versuchen, jedes Verhalten sofort im Hier und Jetzt konsequent zu formen, würden wir uns wahrscheinlich so fühlen, als wären hundert Wespen im Raum, die wir mit einer Fliegenklatsche exekutieren wollten. In so einer Situation würden Sie vermutlich nicht nur die Übersicht über Ihren zweifelhaften Jagderfolg verlieren, Sie würden womöglich sogar noch gestochen! Ständig konsequent perfekt erziehen zu wollen, bedeutet in der Realität ohnehin meistens, einen Tick zu spät zu kommen. Zudem erhöht dieser Anspruch die Wahrscheinlichkeit, dass Kinder Widerstand leisten, indem sie bei dauernder Zurechtweisung ganz schön »stachelig« werden können und Ihnen Ihre Grenzen des konsequenten Verhaltens ungeschminkt aufzeigen. So erleben wir sehr wohl, dass Kinder trotz harter Sanktionen wie Hausarrest etc. im Endeffekt das unerwünschte Verhalten nicht aufgeben.

Seien Sie also nicht zu streng mit sich selbst und somit zu Ihrem Kind, da dies auf Kosten Ihrer Souveränität und der Beziehung zum Kind geht! Wichtig ist viel mehr, dass Sie selbst wissen, was Sie mit der Erziehung bezwecken wollen, anstatt ungezielte Schüsse aus der Hüfte abzufeuern, und dass das Kind die Ziele Ihrer Erziehung und ihre Notwendigkeit kennt.

Statt einzelnen Situationen nachzuhetzen, bietet es sich als Alternative an, in Ruhe den Überblick zu wahren und ein »Projekt« aus bestimmten Erziehungszielen zu machen. Das Thema »Ordnung« ist dabei ein Dauerrenner: Es bringt nicht sehr viel, bei jedem Papierkügelchen auf dem Boden mit massiven Konsequenzen aufzufahren, da Kinder wie Erwachsene auf permanente Nörgeleien meist erst recht nicht den Erwartungen entsprechen und der Überblick verloren geht. Statt Ordnung also bei jeder Gelegenheit einzufordern, kann es sinnvoll sein, mit einzelnen ausgesuchten Pflichten und Regeln zu beginnen, um diese nach und nach auf andere Situationen auszuweiten. Ein gutes Beispiel ist der Teller, der nach dem Essen in die Küche getragen werden soll. Dies ist etwas, das jedem Kind ohne Überforderung zumutbar ist und konsequent eingefordert werden kann, bis es zur Selbstverständlichkeit wird. Das Kind von seinem Zimmer zu holen, um den stehengelassenen Teller in die Küche zu räumen, ist in Ordnung, es sei denn, es gibt ausnahmsweise extremen Zeitdruck. Schimpfend selbst den Teller in die Küche zu tragen, bringt niemandem nachhaltig etwas, auch wenn das alle Eltern irgendwann tun. Nach und nach können Sie zusätzliche Ordnungsanforderungen stellen. Standpauken bringen nur etwas, wenn sie die Ausnahme sind. Passieren sie öfters, schalten Kinder auf »Durchzug«, hören gar nicht mehr hin oder entsprechen bewusst Ihren Wünschen nicht. Wenn Sie kleine Schwerpunkte im Alltag setzen, nehmen Sie für sich selbst viel Druck heraus.

Eine Liebesbeziehung: Welche Fehler dürfen sein, welche nicht?

Um möglichst klar darzustellen, worauf es in der Erziehung tatsächlich ankommt, möchte ich nun einen Vergleich am Beispiel der Paarbeziehungen aufstellen. Denn, auch wenn sich diese von Eltern-Kind-Beziehungen inhaltlich natürlich unterscheiden, gibt es einen wesentlichen gemeinsamen Nenner. Gelungene Paarbeziehungen leben von der gleichen Basis. Manche Fehler darf es geben, manche sollten wir so gut wie möglich vermeiden.

Deshalb möchte ich Ihnen nun folgende Frage stellen: Was ist Ihres Erachtens besonders wichtig, damit die Beziehung zu einem Partner in einer Liebesbeziehung gelingt? Meist finden sich in den Antworten auf diese Fragen unter anderem die üblichen Merkmale wie Vertrauen und Treue. Diese Antworten beinhalten, dass beide Partner einander Gründe geben sollten, dass sie sich aufeinander einlassen und somit vertrauen können. Diese Basis wird geschaffen durch Treue, Toleranz, gegenseitige Unterstützung und die Gewissheit, dass die beiden einander Gutes wollen, aber auch durch gemeinsame Interessen und Werte. Vertrauen ermöglicht das Gefühl von Geborgenheit und Sicherheit. Das Ehegelübde beinhaltet all diese Ansprüche, weshalb es wahrscheinlich gerade deshalb bei den Anwesenden Tränen der Rührung fließen lässt. Es bringt mit ein paar Worten genau das zum Ausdruck, was der Mensch braucht: »Ich nehme dich an als meinen Mann/meine Frau! Ich will dich lieben, achten und ehren, so lange ich lebe: in guten wie in bösen Tagen, in Gesundheit und Krankheit ...« – also gegenseitiges Vertrauen, Geborgenheit und Sicherheit!

Hat ein Paar eine vertrauensvolle Beziehung aufbauen können, fällt es nicht mehr wirklich ins Gewicht, in welcher Situation der Partner was sagt. Es geht stets nur darum, das Vertrauen des anderen aufrechtzuerhalten, anstatt es zu verletzen. Neben den materiellen Sicherheiten sollte es emotionale Gründe geben, warum ein Paar zusammenbleibt. Anders formuliert besteht die »Beziehungsarbeit« darin, sich zu bemühen, einander gute Gründe zu geben, um gerne zu bleiben. Alles dreht sich darum, dem anderen zu zeigen, dass er sich geborgen fühlen und auf den Partner verlassen kann. Ein kleiner Streit, ein falsches Wort etc. können die Basis in der Regel nicht erschüttern, sofern dieses »kleine Wort« nicht ein Symbol für große Verletzungen darstellt.

Paaren, die sich jedoch davor fürchten, miteinander über ihre Wünsche zu sprechen und aus Angst, die falschen Worte zu verwenden, gar nichts sagen oder bei denen ein Partner sich sofort beleidigt zurückzieht, fehlt offenbar eine entsprechende Basis. In tragfähigen Beziehungen, in denen man sich im anderen sicher geborgen weiß, dürfen in einem bestimmten Rahmen auch »kosmetische Fehler« passieren. Damit meine ich keinesfalls, dass der Alkoholiker ruhig ausrasten oder wieder einmal seinen Job schmeißen kann, solange es ihm am nächsten Tag leidtut und er sich vorbildlich für seine Familie aufopfert. Es ist auch nicht in Ordnung, Gewalt jeglicher Art auszuüben, weil »Fehler ja sein dürfen«. Aber manchmal etwas taktlos, ungeduldig zu sein, das falsche Geschenk zu besorgen, mal nicht so unterhaltsam zu sein, ab und an unnötig zu streiten, um sich später wieder zu versöhnen, unterschiedliche Auffassungen zu haben, liegt in der Regel im Toleranzbereich und ist ohnedies kaum zu vermeiden. Wesentlich ist also nicht die makellose Fassade eines Paares! Das ist in Beziehungen ähnlich wie bei kulinarischen Gerichten: Sie können wunderschön aussehen, aber dennoch fad schmecken, während nicht perfekt angerichtete Speisen wesentlich besser schmecken können, als sie aussehen.

Dies soll kein Freibrief dafür sein, sich keine Mühe geben zu müssen. In einer guten Beziehung ist es in der Summe nicht egal, wie wir miteinander sprechen oder ob wir uns anstrengen, das richtige Geschenk zu finden, uns bei Tisch benehmen oder uns auch daheim um angemessen gepflegte Kleidung sorgen. Was unter »kleine Fehler« in der Beziehung fällt, ist natürlich verschieden und sollte für beide Partner klar sein. Da reicht es für gewöhnlich, alles nach der »80:20«-Regel meistens »richtig« zu machen. Für gewöhnlich stellen aber solche Fehler die Beziehung nicht infrage. Sehr wohl aber droht diese zu zerbrechen, wenn die Partner keine Gemeinsamkeiten finden und schon deshalb aneinander vorbeireden, ohne sich darum zu bemühen, den anderen zu verstehen. Es fehlt die gegenseitige Unterstützung, dafür gibt es Vorwürfe, Missgunst, Lüge, Betrug, Erpressung oder emotionale Kälte.

Wenn Kinder nun bei ihren Eltern Sicherheit und Geborgenheit erfahren, entwickeln sie Vertrauen, das im Endeffekt dazu führt, dass auch Eltern ihren Kindern vertrauen können. Das wiederum entspannt das Verhältnis und reduziert Konfliktmöglichkeiten.

Wenn also Erwachsene in einer Beziehung nicht jedes Wort auf die Goldschale legen, warum sollte es dann zwischen Eltern und ihren Kindern anders sein?

Es geht prinzipiell darum, eine tragfähige, sichere Bindung zu unseren Kindern aufzubauen, eine Beziehung, auf die sich die Kinder, in der Folge aber auch die Eltern, verlassen können. Es geht gar nicht so sehr um die perfekte Reaktion in einzelnen Situationen, sondern um die Qualität der

Beziehung zwischen Eltern und Kind, die als fundamentale Basis vorhanden sein und gepflegt werden soll.

Fazit: Wenn Sie sich also in einer Erziehungssituation überlegen, wie Sie auf das Verhalten Ihres Kindes reagieren sollen, halten Sie sich prinzipiell zuerst das Ziel vor Augen, die Beziehung und somit das Vertrauen des Kindes mit Ihrem Verhalten zu stärken oder zumindest nicht zu verletzen. Erst dann ist es sinnvoll, sich zu überlegen, mit welchem konkreten Verhalten Sie das Erziehungsziel bei Ihrem Kind am besten erreichen könnten. Andersrum gefragt: Was erreiche ich mit meinem Verhalten beim Kind? Wird es mir weiterhin vertrauen, wenn ich dieses oder jenes tue oder gefährde ich damit die Beziehung?

Erziehung, eine besondere Kunst des »Navigierens«?

So wie wir selbst nicht jeden Tag ein Fünf-Sterne-Menü zubereiten oder nicht täglich im besten Festtagsgewand auftreten, gibt es neben den »idealen Erziehungsregeln« den »Erziehungsalltag«.

Erziehung ist mit einem Schiff zu vergleichen, das auf ein Ziel zusteuert. Es kann nie genau auf einer Linie unterwegs sein, sondern bewegt sich in einem gewissen Spielraum: Wind und Wetter beeinflussen das Weiterkommen und die Genauigkeit des Kurses, die manchmal mehr, manchmal weniger korrigiert werden muss. Das bedeutet einerseits, dass Fehler, wie erwähnt, passieren werden, andererseits, dass es mehrere »richtige« Wege innerhalb eines Toleranzrahmens geben kann. Um etwaige Missverständnisse zu vermeiden: Die »g'sunde Watschn« oder anderes fällt dabei eindeutig nicht in den Toleranzbereich!

Fehler in der Erziehung: Soll ich mich bei meinem Kind entschuldigen?

Sie werden Fehler machen, die in der Regel an der »Oberfläche kratzen« und Sie dürfen auch mal nicht so pädagogisch wertvoll reagieren, solange Sie nicht ernsthaft die Beziehung zerstören. Wenn Sie Fehler machen und Ihr Kind dadurch kränken, ist es wichtig, dazu zu stehen und sich dafür zu entschuldigen. Kinder rechnen dies ihren Eltern gewöhnlich hoch an, sofern die Entschuldigung aufrichtig ist und wir diese Fehler nicht permanent wiederholen.

Die Entschuldigung sollte versöhnend und selbstbewusst zum Ausdruck gebracht werden: Auf diese Weise zeigen wir in der Regel keine Schwäche, sondern Souveränität! »Du, es tut mir leid wegen vorhin; es war nicht richtig, dass ich das gesagt habe. Ich war sehr verärgert und da ist es mir herausgerutscht ... das war nicht gerecht von mir!« Es ist auch gut, abzuwarten und dem Kind die Zeit zu geben, die Worte anzunehmen, anstatt sich auf dem Absatz umzudrehen und davon auszugehen, dass das Kind Ihre Entschuldigung nun sofort verdauen können muss. Zwingen Sie dem Kind die Akzeptanz Ihrer Entschuldigung nicht auf! Vermeiden Sie aber ebenso, sich vor dem Kind klein und hilflos zu präsentieren, indem Sie sich selbst schlechtmachen. Es soll vermittelt werden, dass auch Ihnen Fehler passieren können und darauf Versöhnung folgen kann und soll. Ansonsten laufen wir Gefahr, dem Kind zu vermitteln, dass wir zu schwach für sie sind und uns selbst nicht im Griff haben, was Kinder in der Regel verunsichert.

Handelt es sich um gröbere Fehler oder tiefgreifende Schwierigkeiten oder Erkrankungen, wie Alkoholismus, Spielsucht, Gewalt, persönliche Probleme oder Schwierigkeiten in der Partnerschaft, gilt es, dem Kind zuliebe an der eigenen Problematik, möglicherweise mit professioneller Hilfe, aktiv anzusetzen, um eine Entschärfung zu erreichen. Nur so bekommt das Kind, was es verdient: ein sicheres, entspanntes Zuhause!

Was sind die Grundbedürfnisse unserer Kinder und wie können wir sie erfüllen?

Obwohl wir Menschen Individuen sind, verbindet uns eine Menge Gemeinsamkeiten – vor allem die Wünsche und Notwendigkeiten, die jeder Mensch braucht, unabhängig davon, in welcher Klimazone oder Kultur er lebt. Neben den körperlichen Notwendigkeiten, wie Essen und Trinken, kann der Mensch auch auf die Erfüllung psychischer Grundbedürfnisse nicht verzichten.

Diese psychischen Grundbedürfnisse, die die Grundlage unseres Erziehungsauftrages beinhalten, möchte ich Ihnen nun in Form eines bildhaften Vergleichs näherbringen.

Der »innere Garten« des Kindes

Die Erfüllung des Wunsches nach einem eigenen Haus mit Garten ist meist mit erheblichem finanziellen Aufwand und viel Mühe verbunden. Dennoch steht dieser oft ganz oben auf der Liste der Lebensträume. »Allein für die Kinder ist ein Garten einfach viel besser!«, so die weit verbreitete Ansicht.

Was aber macht einen Garten aus und lässt ihn so reizvoll für uns erscheinen?

Ein eigener Garten ist ein abgegrenztes Stück Land, zu dem nur wir Zutritt haben. Die Grenze zu anderen Gärten oder der freien Landschaft wird durch Zäune, Sträucher oder Mauern bestimmt. Dennoch ist der Blick auf die Welt außerhalb des Gartens gegeben. Der Zaun setzt fest, bis wohin sich das Kind frei bewegen darf und kann. Der Garten hat also Grenzen, die dem Kind einerseits Freiraum lassen, ihm aber gleichzeitig Schutz und Geborgenheit bieten. Das Kind kann sich frei bewegen, ohne dass die Eltern ständig aufpassen müssen, dass es sich nicht verläuft oder einer unzumutbaren Gefahr ausgesetzt ist. Hier kann es auf sicherem Boden springen, klettern, Purzelbäume schlagen oder sich nur ausruhen. Es weiß, dass die Eltern verlässlich da sind und es nicht allein ist, obwohl es so viel allein machen kann, ohne jemanden zu fragen. Ihm ist klar, dass es nichts Besonderes tun muss, sondern sich einfach ausprobieren darf, wenn es das will. Auf diesem Grundstück steht auch ein Haus, in das es sich zurückziehen kann, in dem es von Wind und Wetter geschützt ist und in dem es mit seinen Eltern wohnt. In diesem Garten gibt es eine Wiese, Bäume, Erde, freiliegende Zweige, Steine, Blumen, Vögel, Insekten, Spinnen und Regenwürmer. Dort findet es all das, was ihm die Möglichkeit gibt, Erfahrungen zu sammeln und sich selbst zu erproben: Steine werfen, auf Bäume klettern, Tiere beobachten, mit Wasser und Erde formen, experimentieren, Geschichten erfinden, Bauwerke basteln, Zusammenhänge erkennen – ohne Druck, ohne Muss, ohne Idealvorgaben. Die Eltern lassen das Kind frei experimentieren und geben ihm das Gefühl, »in Ordnung« zu sein. Wenn es Angst hat oder sich wehtut, helfen und trösten die Eltern und bringen ihm so manche Fertigkeiten bei. Auch wenn der Turm, den das Kind baut, wieder umfällt. Das Kind kann sich darauf verlassen, dass seine Eltern da sind, wenn es Hilfe braucht.

In einem Garten für Kinder ist Platz für Experimente, freies Spiel und Spaß: Vielleicht gibt es eine Schaukel, einen Kletterturm, Bälle, ein Trampolin, oder ein Federballspiel – Dinge, die das Kind tatsächlich mag, und falls nicht, muss es sie nicht benützen. Auch Geschwister und Freunde haben Platz in diesem Garten und können miteinander gute Zeit verbringen. Wer wieder für sich sein will, kann dem nachgehen. Das Kind ist hier einfach zu Hause!

Ich finde dieses Bild mit der Vorstellung vom idealen Garten sehr plastisch. Denn so wie jeder Mensch eine eigene Vorstellung von seinem Traum-Zuhause hat, so hat auch jeder Mensch sein eigenes Bild von seinem »inneren Garten«, weil wir unterschiedliche Erfahrungen gemacht haben und verschiedene Wünsche und Sehnsüchte in uns tragen. Die Grundfunktion eines Gartens ist aber immer gleich:

Das abgegrenzte Stückchen Land vermittelt uns:

- Geborgenheit, da uns all das, was wir in diesem Garten finden, vertraut ist und wir dort auch mit den Menschen zusammen sind, die uns nahestehen.
- Sicherheit, da wir uns vor Eindringlingen geschützt, frei bewegen können.
- Selbstwert, weil wir uns durch die Anschaffung und Gestaltung des Gartens ausprobieren, Probleme lösen lernen und auf unser Werk stolz sein können.
- Spaß, Spontaneität und Kreativität, weil wir uns erholen, herumtollen, Feste feiern oder schöpferisch tätig sein können.

Mit diesem bildhaften, realitätsnahen Gleichnis möchte ich Ihnen nahebringen, dass wir prinzipiell alles für eine gelungene Elternschaft mitbringen und deshalb vielen Anforderungen bestens gerecht werden, indem wir uns vor Augen führen, was uns selbst wichtig ist. Wie groß der Garten sein soll, woraus der Zaun besteht, welche Pflanzen wo wachsen sollen, ob Rasen, Wiese oder gepflasterte Flächen, ist wiederum Geschmackssache. Diese Unterschiedlichkeit ist mit den verschiedenen Verhaltensformen und inhaltlichen Erziehungsstilen gleichzusetzen.

Wie sieht Ihr »innerer Garten« aus? Finden Sie in ihm alles, was Ihnen wichtig ist? Schon um das herauszufinden, ist es für eine gute Erziehung unumgänglich, in uns selbst hineinzuhören. So werden wir unseren Kindern das geben, was sie brauchen, um sich sicher und gleichzeitig frei zu entwickeln. Nehmen wir nun die vier Grundbedürfnisse des Menschen, an denen wir uns orientieren können, unter die Lupe.

Der Orientierungsplan der guten Erziehung: die vier Grundbedürfnisse

Das als »innerer Garten« des Kindes beschriebene Bild zeigt unseren Erziehungsauftrag mit seinen Hauptpfeilern, den vier Grundbedürfnissen. Sie können dem Kind auf einer tragfähigen Basis die Entwicklung zu einem autonomen, individuellen Menschen ermöglichen.

Wenn Sie nun auf den folgenden Seiten lesen, worum es bei der Erfüllung der psychischen Grundbedürfnisse Ihres Kindes geht, werden Sie so manche Hinweise vielleicht für selbstverständlich erachten. Umso besser! Dann können Sie gewiss sein, dass Ihre Erziehung auf sicheren Schienen läuft. Es reicht aber, die Bedürfnisse lieber »gut genug« als mit etwaigem Druck perfekt erfüllen zu wollen. *In dieser Überlegung finden Sie den Kern, auf den es in der Erziehung tatsächlich ankommt.*

Sollten Sie sich bei dem einen oder anderen Punkt tatsächlich *ertappt* fühlen, ist das durchaus positiv! Sie können das insofern begrüßen, weil Sie dann wissen, in welchem Bereich Sie bei Ihrem Kind, in Ihrem Umfeld und natürlich bei sich selbst ansetzen können. Sie finden den Bezug auf diese Grundbedürfnisse in jedem weiteren Kapitel wieder und schließlich beim »Streifzug durch das Leben mit unseren Kindern ...«, angepasst an unterschiedliche Entwicklungsphasen Ihres Kindes.

»Wir gehören zusammen, ich bin für dich da!«

»Wir sind einander vertraut«, »Ich fühle mich geborgen«, »Ich gehöre dazu ...«, »Du kannst dich auf mich verlassen!« Diese und ähnliche Empfindungen beschreiben dieses beruhigende Gefühl einer tragfähigen Bindung. Bereits mit achtzehn Monaten hat ein Kind eine sichere Bindung an seine Bezugsperson entwickelt. Ist die Bindung unsicher oder zwiespältig, trägt die Beziehung unzureichend.

Dieses tiefe Empfinden von Geborgenheit bildet das Fundament unserer psychischen Entwicklung, da sie die Sehnsucht beschreibt, die uns vom ersten Moment unseres Lebens an ausmacht. Deshalb können wir uns auch im Laufe unseres Lebens den Wunsch nach Verbundenheit nicht abgewöhnen. Wir können nur daran verzweifeln und irgendwie damit versuchen umzugehen, sollte uns die Erfüllung dieses Bedürfnisses unzureichend erfüllt werden. Die Bedeutsamkeit wird noch klarer, wenn wir uns vor Augen führen, dass bei Empfindungen des Ausgegrenzt-Seins die Hirnareale aktiviert sind, die für körperlichen Schmerz zuständig sind! Wann haben Sie sich zuletzt ausgeschlossen gefühlt?

Ist das Grundbedürfnis nach Geborgenheit erfüllt, entwickelt das Kind »Urvertrauen« und kann sich demzufolge später eher auf andere Menschen einlassen, weil es das gute Gefühl erwartet, das damit einhergeht.

»Du bist bei uns gut aufgehoben und kannst dich bedingungslos auf uns verlassen!«

Die Bedürfnisse nach Bindung und Sicherheit ergänzen sich und bilden gemeinsam die Grundfesten der psychischen Entwicklung. In diesen Bereich fällt alles, was dem Kind körperliche, materielle und emotionale Gewissheit und Stabilität gibt: angefangen bei sauberer und passender Kleidung, kindgerechter Ernährung, über medizinische Versorgung bis zu einem dem Kind entsprechenden Zuhause. Dennoch wäre es aber zu wenig, wäre die bedingungslose, sichere und warmherzige Liebe zum Kind nicht zuverlässig gegeben.

Die Erfüllung dieser beiden Grundbedürfnisse ist Voraussetzung dafür, dass ein Kind sich zu einem selbstständigen, selbstbewussten und somit autonomen Menschen entwickeln kann. Fehlt eine wärmende Bindung und erfährt ein Kind die Eltern in verschiedenen Bereichen als unzuverlässig, hat dies nachhaltige Folgen. Risikofaktoren gibt es zwar viele: kinderreiche Familien, in denen die Eltern vor allem mit der Erwerbstätigkeit beschäftigt sind, schwere körperliche Erkrankungen eines oder beider Elternteile, Alkoholismus, psychische Probleme wie unbehandelte Depressionen, die mit Rückzug und geringer Belastbarkeit einhergehen, häufige Stationsaufenthalte, starke Stimmungsschwankungen oder einfach Probleme wie Partnerschafts- und der Familiendynamik selbst, um nur einige Beispiele zu nennen.

Kurz, als Eltern besteht unsere Aufgabe darin, eine zuverlässige Anlaufstelle für kindliche Bedürfnisse zu sein. Ein Kind, das sich gerade das Knie aufgeschlagen oder im Kindergarten Ungerechtigkeiten erlebt hat, sollte mit seinen Gefühlen nicht im Trubel des Alltags oder elterlicher Probleme untergehen oder weggeschickt werden. Passiert es regelmäßig, dass das Kind mit seinem Kummer alleine fertig werden muss, kann es dazu führen, dass es sich später entweder ängstlich an Beziehungen klammert oder sich gar nicht darauf einlässt.

»Ich habe immer Angst, dass mich mein Partner wegen einer anderen verlässt! Deshalb möchte ich immer wissen, wo er ist!«, »Ich habe eine Beziehung, die bis jetzt ganz gut gelaufen ist, aber zusammenziehen möchte ich auf keinen Fall!«, »Immer habe ich Fernbeziehungen, bin in einer Dreiecks-Beziehung«, »Wenn es mir in der Beziehung zu eng wird, ziehe ich mich zurück«, »Ich bin zu unintelligent, zu unattraktiv, um von einem guten Partner gewollt zu werden ... ich muss mich mit dem begnügen, was ich bekomme«, »Ich lasse mich auf eine Beziehung gar nicht ein, da ich es nicht aushalten würde, verlassen zu werden!«

In Gruppen fühlen sie sich oft nicht zugehörig, sogar, wenn dies objektiv nicht begründet ist. Betroffene empfinden sich als minderwertig, uninteressant oder einfach als »zu anders«, um ein Gemeinschaftsgefühl empfinden zu können. Aussagen wie *»Es gibt einfach keine Leute, mit denen ich niveauvoll diskutieren kann«* oder *»Ich bin für die anderen einfach nicht gut genug, rede zu wenig ... etc«*, geben den Gefühlen Betroffener Ausdruck. Dazu gesellt sich häufig schmerzendes Misstrauen, das Betroffene daran hindert, positive Erfahrungen zu machen, die wiederum das quälende Gefühl der inneren Einsamkeit abschwächen könnten.

Fazit: Neben den genannten Risikofaktoren und deren möglichen Folgen möchte ich aber klar hervorheben, dass die Erfüllung dieser beiden fundamentalen Grundbedürfnisse nach »Bindung« und »Sicherheit« nicht so schwierig ist, wie sie auf den ersten Blick wirkt. Prinzipiell braucht es lediglich die alltägliche, zuverlässige emotionale Wärme, die Pflege und die entsprechende Aufmerksamkeit für das Kind, gekoppelt mit Grenzen, nach denen sich das Kind richten kann. Wenn Sie also Ihrem Kind freundlich, offen und interessiert entgegentreten und ihm sicher zur Seite stehen, ist Ihre Erziehung »gut genug«!

Wird dieses Kellergeschoß der menschlichen Psyche (Bindung und Sicherheit) beim Kind nicht stabil genug vermittelt, liegt es meist daran, dass die Eltern selbst – in welcher Form auch immer – aktuell sehr belastet sind oder durch die eigene Erziehung keine Vertrauensbasis erleben konnten.

Die beiden folgenden Grundbedürfnisse bilden die Geschoße oberhalb des Fundaments. Fehlentwicklungen sind später etwas leichter korrigierbar, es sei denn, sie werden dafür benutzt, Mängel im Fundament »Bindung und Sicherheit« auszugleichen.

»Ich bin selbstbewusst, liebenswert und habe mein Leben im Griff!«

Jeder Mensch will Erfolg haben und freut sich dementsprechend, wenn ihm etwas gelingt. Das Kleinkind jubelt, wenn es die ersten Schritte schafft, Steine werfen oder durch einen Knopfdruck Geräusche oder Melodien auslösen kann. Auch später plagt sich der Mensch, um Lob zu bekommen und womöglich »besser« zu sein als andere. Reicht dem Kleinkind der Erfolg seiner Bemühungen bereits, wird Leistung spätestens in der Schule durch Lob oder eben Kritik zusätzlich bewertet. Gute Leistungen allein bilden aber noch nicht die Voraussetzungen für ein gutes Selbstwertgefühl. Das tragende Gefühl, etwas »wert zu sein«, entsteht erst dadurch, dass wir um unser selbst willen geliebt werden – bedingungslos und eben auch dann, wenn wir nicht die Klassenbesten sind, eine Schularbeit verhaut haben oder nicht ins Gymnasium gehen können oder wollen. Wir wollen nicht deshalb geliebt werden, weil wir etwas Besonderes *leisten.* Wird Liebe an Leistung gekoppelt, neigen Menschen später dazu, ihren Selbstwert nur über Leistung zu definieren, indem sie sich über diesen Weg Anerkennung holen. »*Ich wurde immer wegen meines Fleißes und der guten Noten meinen Geschwistern gegenüber als Vorbild herangezogen. Deshalb wollte ich meine Eltern auch nicht durch schlechte Leistungen enttäuschen und tat alles, um der Beste zu sein. Dieser Druck, nur dann etwas wert zu sein, wenn ich alles gebe, prägt mich noch heute! In Gesellschaft fühle ich mich nicht entspannt, wenn ich mich nicht durch Leistung in Szene setzen kann. In Beziehungen bin ich unsicher, weil da Leistung einfach nicht zählt, sondern nur ich als Person selbst. Ich versuche dann, möglichst immer alles richtig zu machen, was natürlich nicht gelingen kann.«*

Auch kann daraus folgen, dass die eigene Leistung nur durch die Anerkennung anderer wertvoll wird. Betroffene suchen im übersteigerten Maße Lob und Bewunderung von außen. Die Leistung muss also gesehen und honoriert werden. Persönlicher Erfolg, von dem andere keine Notiz nehmen, ist für den Selbstwert wertlos.

Hat sich jedoch die Leistung in der Kindheit oder Jugend nie im erwünschten Ausmaß gezeigt, gibt es wieder andere Reaktionsformen:

»Ich war nie ein guter Schüler, weshalb es immer wieder Konflikte daheim gab – wahrscheinlich eh nur aus Sorge um mich heraus. Aber ich hatte den Eindruck, ohnehin nur zu enttäuschen und fühlte mich auch in der Gesellschaft von Gleichaltrigen minderwertig und als Versager.«

Im ungünstigen Fall entziehen sich Betroffene der Leistung und holen sich ihr Selbstwertgefühl z.B. über Kontakte beim exzessiven Computerspielen, geraten in Kreise von Gleichaltrigen, die »aus der Leistungsgesellschaft ausgestiegen« sind oder sie bleiben daheim »hängen« und lösen sich von den Eltern nicht ab, da sie sich ein selbstständiges Leben nicht zutrauen.

Kinder zu ignorieren oder offen zu bestrafen, wenn sie keine Topleistung gebracht haben, vermittelt, dass unsere Liebe nicht bedingungslos ist, sondern »erarbeitet« werden muss. »Du hast ein ›Sehr gut‹? Toll, ich hab dich ja so lieb!« Wir sollten darauf achten, nicht nur bei Topleistungen freundlich und liebevoll zu unseren Kindern zu sein. Oft ist es ja eigentlich die Erleichterung, die eine gute Note Eltern ein Lächeln ins Gesicht zaubert. Andererseits ist es wichtig, Kinder adäquat für gute Leistungen zu loben, anstatt sie für selbstverständlich zu halten oder als unwichtig zu ignorieren. Es gibt Eltern, deren Vertrauen in die Leistungsfähigkeit ihres Kindes so groß ist, dass sie weder gute Schularbeiten wahrnehmen noch sich für den Matura-Termin ihres Kindes interessieren. Dieses Verhalten kann ohne Weiteres als Kompliment dem Kind gegenüber gemeint sein, muss aber keineswegs so positiv aufgenommen werden.

Die Bereitschaft, sich für gute Leistung anzustrengen, stellt zweifellos eine der Quellen für unser Selbstbewusstsein dar und erschließt uns außerdem den Weg zur wirtschaftlichen Unabhängigkeit. Bei Misserfolg trotz Mühe sollten wir beruhigend, stützend und behutsam fördernd einwirken. Auf diese Weise können wir einerseits ein gesundes Verhältnis zu Leistung und der Arbeitshaltung des Kindes beitragen, andererseits der gefährlichen Koppelung von »Liebe und Leistung« entgegenwirken.

Fazit: Leistung steht zweifellos in Verbindung mit dem persönlichen Selbstwert. Aber auch hier finden wir in der Erziehung die Notwendigkeit eines entsprechenden Balanceaktes: Ziel ist es, dem Kind gefühlsmäßig zu vermitteln, dass es unabhängig von seiner Leistung geliebt wird. Außerdem soll es sich zu einem Erwachsenen entwickeln, der zwar Anerkennung für seine Leistung von außen gut annehmen kann, aber nicht ausschließlich vom Lob und der Zustimmung anderer abhängig ist, um sich wertvoll zu fühlen.

Auch Spaß muss sein – das Bedürfnis nach Spontaneität, Lust, Kreativität

Spaß ist wichtig für uns: ausgelassenes Feiern mit Musik, besonderen Speisen und Geselligkeit zählen dazu. Ebenso fallen aber vorübergehender Rückzug, um zu malen, zu dichten, zu lesen, spontan das zu tun, was uns auf angenehme Weise aus dem Trott des Alltags mit all seinen Mühen und Verpflichtungen herausholt, in diesen Bereich. Heute nennen wir all das, was uns wohltut »Party«, »Urlaub« oder einfach »Wochenende«. So versuchen wir, die »Work-Life-Balance« aufrechtzuerhalten. Dieses Grundbedürfnis gehört zum »psychosomatischen Putzdienst« und soll uns helfen, Distanz zu Schwierigkeiten und Problemen herzustellen oder uns neue Orientierung zu verschaffen. Das erleichternde Gefühl, die innere Disziplin und Selbstkontrolle auch einmal im angemessenen Maße aufheben zu können, steht dabei ebenso auf dem Plan: Heute wird nicht auf die Kalorien geachtet, früh aufgestanden, nicht gearbeitet ...!

Kinder brauchen genauso eine entsprechende »Work-Life-Balance«! Das bedeutet, dass sie Zeit haben, spontan zu sein: mit Eltern, Geschwistern, Freunden oder Haustieren spielen, schaukeln, toben, laut sein dürfen und wild herumschreien, einfach ausgelassen sein oder sich ein wenig zurückziehen können, um sich ruhig, mit sich allein zu beschäftigen. So meinte meine Tochter kürzlich: »Mama, ich bin schon elf, *(sollte Sinnvolles tun)* und bin aber gerade total unproduktiv! Schau, ich forme in der feuchten Erde Kugeln wie ein Kleinkind!«

Fazit: Leistungswille und -fähigkeit und Spaß, Ausgelassensein und Kreativität schließen einander nicht aus, sondern sollten einander ergänzen.

Worauf wir Eltern bei uns selbst achten sollten

Um die psychischen Grundbedürfnisse unserer Kinder gut genug erfüllen zu können, bedarf es gewisser Voraussetzungen, die in uns Eltern selbst verankert sein sollten. In der Regel lieben Eltern ihre Kinder: Sie wollen das Beste für sie und versuchen, dies nach bestem Wissen und Gewissen zu erreichen. Dennoch kommt es im Verhalten der Kinder immer wieder zu Ungereimtheiten. Oft liegt die Ursache aber nicht beim Kind, sondern bei den Eltern, da Kinder die schwächsten Glieder des Familiensystems darstellen und über ihr Verhalten das Problem spiegeln. Mit Ausnahme bestimmter Erkrankungen, sind Kinder von Geburt an weder Tyrannen noch sind sie übertrieben ängstlich, aggressiv oder unzugänglich. So verhalten sich Kinder oft auffällig, indem sie in der Schule stören, zurückgezogen oder aggressiv sind, »Bauchweh« haben oder später mit Essproblemen oder »Ritzen« reagieren, weil die elterliche Beziehung zu zerbrechen droht oder weil andere chronische, offene oder totgeschwiegene Konflikte herrschen. Kinder lenken oft intuitiv die Aufmerksamkeit der Eltern auf sich und sorgen quasi mit ihrer Aufgabenstellung an die Eltern für ein neues »Projekt«, das die Eltern gemeinsam zu lösen haben. Aber nicht jedes unerwünschte Verhalten unserer Kinder ist auf die eigene Fehlerhaftigkeit zurückzuführen. Kinder sind Menschen, die wie wir Erwachsene Launen haben und diese auch haben dürfen, ohne dass hinter allem die Katastrophe steckt!

Es gibt ein paar wesentliche »Werkzeuge«, die uns dabei helfen, unseren Kindern das zu geben, was sie wirklich brauchen.

- *Emotionale Wärme und Nähe statt Kälte und Unzugänglichkeit:* Nehmen Sie Ihr Kind in den Arm, zeigen Sie Ihre Liebe und Freude, trösten Sie es, wenn es traurig ist oder Schmerzen hat, schützen Sie es, wenn es Angst hat. Lassen Sie den Säugling nicht schreien, sondern nehmen Sie ihn hoch! Zeigen Sie echtes Interesse an den Belangen Ihres Kindes und leben Sie Gemeinsamkeit. Seien Sie zugänglich und offen für Ihr Kind und seine Anliegen! Suchen Sie Gemeinsamkeiten und pflegen Sie gute Kontakte zu Ihren Freunden und denen Ihres Kindes! Es soll spüren, dass es »dazugehört« und ein fixes, erwünschtes Mitglied einer tragfähigen Gemeinschaft ist. Genau dieses Gefühl braucht jeder Mensch! Mehr ist nicht nötig! Das »Wissen« um die Zugehörigkeit zu einer Familie oder Gruppe allein ist substanzlos. Stellen Sie sich in verschiedenen Situationen die Frage danach, wie Sie dem Kind altersentsprechend begegnen, um ihm genau dieses Gefühl zu vermitteln. Auch dann, wenn es darum geht, einen Wunsch nicht zu erfüllen oder es zurechtzuweisen. Wie wollen Sie selbst behandelt werden? Was brauchen Sie, um sich angenommen zu fühlen? In der Regel kommen wir auch mit Kritik besser klar, wenn wir nicht als Person abgewertet werden, sondern Verbesserungsvorschläge für unser Verhalten im Vordergrund stehen. »Bitte stell auch du, so wie wir, deinen Teller nach dem Essen in den Abwasch!«, statt »Du bist der Schlampigste in der Familie! Du schaffst es nicht einmal, deinen Teller hinauszutragen – du bist einfach anders als deine Schwester! Die weiß, was sich gehört!«

- *Seien Sie verlässlich und geben Sie dem Kind in allen Belangen Sicherheit:* Dazu gehört, dass das Kind entsprechend gekleidet und medizinisch ausreichend versorgt wird, ohne dass Sie ängstlich hinter jedem Infekt eine tödliche Krankheit vermuten. Neben der materiellen und körperlichen Sicherheit ist es wichtig, auf der Gefühlsebene Zuverlässigkeit zu vermitteln. Deshalb sollte das, was wir unseren Kindern versprechen, »Handschlagqualität« haben. Wenn Sie das, was Sie versprechen, regelmäßig und kurzfristig umwerfen, verletzt dies das Sicherheitsgefühl und hat zur Folge, dass sich unsere

Kinder nicht mehr auf uns verlassen. Wie sollen wir uns aber dann später auf unsere Kinder verlassen können? Wenn Sie Ihrem Kind die notwendige Pflege und materielle Sicherheit bestmöglich zukommen lassen und sich das Kind auf Sie als Mensch verlassen kann, erfüllen Sie alles Nötige. Das Kind wird dadurch vielen Ängsten gegenüber gewappnet sein.

- *Setzen Sie gültige Grenzen als Schutz und Orientierung statt Einengung:* Wie bereits erwähnt, ist gute Erziehung nur möglich, wenn es klare, nachvollziehbare und in der Anzahl überschaubare Regeln gibt, die eingehalten werden. Selbst wenn es keine hundertprozentige Konsequenz in der Erziehung gibt, ist es empfehlenswert, wenn wir uns um eine solche nach bestem Wissen und Gewissen bemühen. Für das Kind ist es gut zu wissen, woran es ist und dass es unser Verhalten abschätzen und einordnen kann. Kinder brauchen Stabilität, weshalb klar sein sollte, was das Kind tun darf und was nicht, worüber sich die Eltern freuen und worüber nicht. Natürlich setzt dies die Einigkeit der Eltern hinsichtlich der gemeinsamen Erziehungsregeln voraus. Klare Spielregeln nehmen vielen unnötigen Konflikten den Wind aus den Segeln!
- *Stabile Eltern – stabile Kinder: Seien Sie für Ihr Kind einschätzbar:* Stellen angemessene gefühlsmäßige Reaktionen wie Freude, Begeisterung, Ärger, Angst und Trauer im alltäglichen Geschehen für Kinder notwendige Erfahrungen dar, die sie mit dem Erlebten in Verbindung bringen können, ist es gut, wenn ein Austragen der Gefühlswelt, die einer extremen Achterbahnfahrt gleicht, vermieden wird. Kinder brauchen Halt. Deshalb erschweren sich wankelmütige, unausgeglichene Eltern die Erziehung. Extrem launisches Verhalten Kindern gegenüber ist massiv verwirrend und bewirkt ein zwiespältiges, oft schmerzhaft misstrauisches Verhältnis zu ihren Eltern, das sich durch das gesamte Leben der Kinder

ziehen kann. Wenn wir auf ein und dasselbe Verhalten mal mit einem Wutausbruch und dann wieder mit Gelassenheit oder sogar belustigt reagieren oder für das Kind überhaupt kein Anlass für einen Wutausbruch der Eltern nachvollziehbar ist, sind wir für das Kind nicht einschätzbar. Deshalb schafft das Kind in sich selbst keine Ordnung. Sind wir als Eltern ausgeglichener in unseren Reaktionen und passt unser Verhalten zur Situation, lernen unsere Kinder leichter, mit ihrer Gefühlswelt umzugehen. Es hilft dem Kind wohl kaum dabei, die eigene »Trotzphase« oder andere Herausforderungen im Zuge ihrer Entwicklung gut zu überstehen und gestärkt daraus hervorzugehen, wenn Eltern selbst Töpfe auf den Boden schmeißen, die Tür zuknallen, wie wild schreien oder sich trotzig verhalten, weil das Essen nicht schmeckt, sie unzugänglich sind oder andererseits so tun, als wäre nichts. Es hilft auch nicht, permanent wegen des Jobs frustriert zu reagieren und den Ärger am Kind oder am Partner auszulassen. Wir haben als Eltern nicht nur den Job, unseren Kindern zu zeigen, wie man Alltagsprobleme am besten löst, sondern ebenso, wie wir mit angenehmen, aber auch unangenehmen Gefühlen produktiv umgehen. Wie immer sind Extreme nicht von Vorteil: Es ist weder günstig, die Gefühle ungebremst »hinauszulassen« noch »alles unter den Teppich zu kehren« und eine heile Welt vorzugaukeln!

Natürlich gibt es schwierige und belastende Zeiten, in denen wir mit den eigenen Kraftreserven sehr haushalten müssen, mit Lustlosigkeit und Gereiztheit kämpfen oder mit Traurigkeit reagieren. In diesem Fall ist es wichtig, dem Kind die Situation so weit wie nötig kindgerecht zu erklären und zu begründen, weshalb die Stimmung nun manchmal ungewohnt angespannt ist, aber auch, dass es wieder leichter sein wird. Dazu zählen alle größeren oder kleineren Ausnahmesituationen wie Krankenhausaufenthalte von Angehörigen, Veränderungen im Berufsleben, Trennungen, Pflege von Angehörigen, ein kaputtes Auto und damit einhergehende Komplikationen in der Bewältigung des Alltags.

Somit sollten wir uns um Unterstützung jeglicher Art umsehen, wenn wir spüren, dass uns unsere Kräfte nachhaltig zu verlassen drohen. Mit möglicher Unterstützung ist die Spanne von der Haushaltshilfe bis hin zum Psychotherapeuten gemeint! Falscher Stolz ist nicht angebracht. Es geht um das Kind und nicht um den eigenen Anspruch, alles allein bewerkstelligen zu müssen!

- *Was auf jeden Fall vermieden werden sollte:* Es tut dem Kind nicht gut, wenn es das Gefühl hat, die Eltern mit seinen Belangen zu sehr zu belasten, weil diese ohnehin überfordert sind.

  Beansprucht beispielsweise ein Kind mehr Mühe, weil es eine Behinderung hat oder sich schlichtweg öfters in Schwierigkeiten gerät, ist es wichtig, dem anderen, »pflegeleichteren«, Kind ebenso entsprechend Aufmerksamkeit und Stütze zukommen zu lassen. Die Haltung, »Sie checkt das schon, sie macht nie Probleme und ist selbstständig«, ist an und für sich ja in Ordnung, ist es nicht mit einer immerwährenden Bedürfnislosigkeit gleichzusetzen. Auch »einfache« Kinder sollten nach ihren Bedürfnissen gefragt werden.

  Achten Sie außerdem darauf, Ihre Kinder, unabhängig von deren Alter, niemals als Partner- oder Freundin-Ersatz zu missbrauchen, auch dann nicht, wenn der Sohn oder die Tochter schon so reif erscheinen. Sie sind Mutter und Vater, nicht Freund oder Freundin. Es ist nicht die Aufgabe der Kinder, unsere Probleme zu lösen, die Streitigkeiten in der Beziehung zu schlichten, unsere Tränen zu trocknen oder unseren Lebenssinn zu erfüllen oder gar den Familientherapeuten zu spielen. Sonst blockieren wir die Kinder in ihrer Entwicklung, indem sie es nicht wagen, sich aus Sorge um uns ordnungsgemäß abzulösen und ihr eigenes Leben unbeschwert aufzubauen. Andernfalls distanzieren sie sich womöglich aus Selbstschutz mehr, als uns lieb ist.

- *Verbringen Sie gute und zwanglose Zeit mit den Kindern:* Spaß und Erholung verbindet! Ob Freizeitpark, Bowling, Kino, Brettspiele, Ball spielen oder einfach toben. All diese gemeinsamen großen und kleinen Erlebnisse stärken die Beziehungen in der Familie. Versuchen Sie zumindest, sich für das eine oder andere Computerspiel zu interessieren, ohne selbst der Computersucht zu verfallen. Zumindest nachzufragen, wie ein Spiel funktioniert, bringt Ihnen nicht nur die nötige Kontrolle, sondern zeigt auch dem Kind Interesse an dem, was es tut, selbst wenn Sie selbst überhaupt keinen Bezug zu dieser Form von Freizeitbeschäftigung haben sollten.
- *Wie war dein Tag?* Suchen Sie immer wieder Kontakt zu Ihrem Kind, ohne es zu bedrängen oder Informationen herausquetschen zu wollen. Jeder Mensch möchte das Interesse derjenigen Menschen spüren, die ihm wichtig sind. So bleiben Sie am Ball und werden das Vertrauen Ihres Kindes bekommen. Hören Sie ihm zu und seien Sie einfühlsam interessiert. Sollte Ihr Kind von sich aus nicht viel erzählen, können Sie dennoch ein paar diskrete Fragen stellen, um Ihr Interesse zu bekunden. Treffen Sie sich nach Möglichkeit zumindest zu einer gemeinsamen Mahlzeit pro Tag. Essen bedeutet bekanntlich mehr als nur Nahrungsaufnahme.

Auf das Vertrauen kommt es an!

Wenn wir das bisher Gesagte zusammenfassen, gilt es also, all das zu tun, was das Vertrauen des Kindes in uns Eltern stärkt. Wenn Sie sich an diesen wenigen Richtlinien orientieren, sind Sie auf dem besten Weg zu einer guten Erziehung. Dazu gehört unsere Verlässlichkeit, emotionale, liebevolle Wärme und dass wir offen und zugänglich für ihre Belange sind, dass wir wissen, was wir wollen und uns selbst im Griff haben. Auch ist es unsere Aufgabe, ihnen beizubringen, sich im Leben, eingebettet in einer tragfähigen Gemeinschaft, gut einzurichten. Kinder sollen unser Wohlwollen, unsere Liebe und unser echtes Interesse spüren können. Worte allein reichen nicht aus, auf unser Verhalten kommt es an. Kinder sollen durch uns Halt bekommen und gleichzeitig die Sicherheit, sich zu einem selbstständigen, individuellen Menschen mit seinen eigenen Zielen entwickeln zu können.

Hier gilt folgender Spruch des Philosophen und Dichters Khalil Gibran, der gerne im Zusammenhang mit Geburt oder Taufe weitergegeben wird: »Solange das Kind klein ist, gib ihm Wurzeln, wenn es größer wird, gib ihm Flügel!«

Wenn wir für das Kind in all den wichtigen Belangen des Alltags vertrauenswürdig sind, wird es uns vertrauen. Vertraut uns das Kind, werden wir umgekehrt ihm vertrauen können. Das ist die Basis einer wechselseitig guten Beziehung!

Es ist somit von Bedeutung, dass wir uns nicht nur mit einzelnen Situationen aus dem Alltag und den dafür empfohlenen Erziehungsmethoden befassen, sondern dass wir eine Etage tiefer gehen, zu den Wurzeln. Wir stellen uns den grundsätzlichen Fragen, die die Basis einer guten Erziehung ausmachen. Tun wir das nicht, degradieren wir Erziehung zu einer Gebrauchsanweisung, ohne die Seele unseres Kindes einfühlsam zu berühren, obwohl wir es doch nur gut meinen. Wenn wir aber in dem Vertrauen, dass uns unsere Kinder auf ihre Weise zeigen, was sie brauchen, hinhören und hinschauen und dabei die vier Grundbedürfnisse im Auge behalten, werden wir in unserem Innersten »wissen«, was in den jeweiligen, sehr individuellen Alltagssituationen zu tun ist.

Fragen Sie aber auch rück, ob Ihre Versuche, dem Kind alles Nötige zu vermitteln, bei ihm auch tatsächlich so ankommen!

Obwohl ich immer besonders darauf geachtet habe, beispielsweise leistungsmäßige Erfolge nicht mit der Liebe zum Kind zu verbinden, meinte mein Sohn vor einigen Jahren: »Du hast mich schon lieber, wenn ich brav bin oder gute Noten bringe!?« Ich war entsetzt, fragte ihn, wie er darauf komme. Im Anschluss klärte ich mit ihm gemeinsam diesbezügliche Missverständnisse auf und brachte ihm auch Gegenbeweise aus bestimmten Situationen. Die Mühe, mit ihm darüber zu reden, hat sich sehr gelohnt!

Wie Sie sich als Paar für ein glückliches Leben mit Ihrer Familie wappnen

Sobald Kinder da sind, geht es nicht mehr »nur« um unsere Paarbeziehung, die wir aufrechterhalten oder eben spontan beenden können, wenn sie uns nicht mehr freut. Die Verantwortung für das Kind muss an erster Stelle stehen. Wie wohl allgemein bekannt, werden Kinder durch die Erfahrungen mit ihren Eltern geprägt. Es ist deshalb nicht unwesentlich, wie Eltern selbst mit ihren persönlichen Herausforderungen umgehen und ihre Beziehung leben. Jedes Verhalten, jede unserer Entscheidungen können wir nun nicht mehr losgelöst von den Kindern betrachten. Da ist ein kleiner Mensch, der sich an uns orientiert.

Ja, manchmal wird uns alles zu viel. Wir haben einfach keine Lust mehr oder zweifeln vorübergehend sogar an unseren Gefühlen. Aber gerade in diesen schwierigen Zeiten geht es darum, auch der Beziehung eine weitere Chance zu geben, wenn es möglich ist, anstatt sie leichtfertig wegzuwerfen. Sollte eine Trennung unumgänglich sein, ist es wichtig, darauf zu achten, dass die Kinder sie entsprechend annehmen und verarbeiten können. Das Ende totzuschweigen bringt dabei nichts, die Kinder in die Sache hineinzuziehen und sie für den Kampf zu benutzen schon gar nicht. Trennungen sollten von uns Erwachsenen auf erwachsene Weise vollzogen werden.

Die Hauptregel lautet: »Das Kind *muss* an erster Stelle stehen!« Sämtliche Formen von »Rosenkriegen« wirken sich neben all dem Leid zwischen den Partnern massiv auf die Kinder aus und sollten tunlichst vermieden werden! Zur Unterstützung der Eltern gibt es Gruppenangebote für Kinder mit Trennungs- und Verlusterlebnissen. Nutzen Sie sie, wenn es notwendig ist, um sich zu entlasten!

In manchen Partnerschaften entstehen Sinnkrisen, doch deswegen muss nicht zwangsläufig die Beziehung zerbrechen. Es ist wichtig, aufmerksam zu bleiben, um auf Krisen zeitgerecht mit den richtigen Lösungsversuchen zu reagieren. Es heißt nicht umsonst Beziehungs*arbeit*. Oft passiert es aber, dass die Versuche, produktive Gespräche mit dem Partner zu führen, zurückgeschmettert oder einfach ignoriert werden. Nicht selten führt dies gerade bei Frauen zu Resignation, was es sogar erforderlich macht, Antidepressiva einzunehmen, um den Rückzug ihres Mannes zu ertragen und andererseits für die Kinder zu sorgen und sie vor den Auswirkungen der Krise so gut wie möglich zu schützen. Vorschläge, eine Paarberatung in Anspruch zu nehmen, werden mit der Begründung, selbst keine Beratung zu brauchen, abgewiesen. Viele Männer meinen in dieser Situation, die Frau könne ja allein zur Therapie gehen, um alles zu verarbeiten oder sich zu verändern.

Tatsache jedoch ist, wenn ein Paar Probleme miteinander hat, wirkt sich das *immer* auf die Kinder aus! Deshalb sollten sich beide (!) Partner um eine wie auch immer geartete

Lösung bemühen, die allen, insbesondere auch den Kindern, zugutekommt! Kinder können nicht verstehen, dass ein Elternteil sie lieben kann, obwohl er die Familie verlässt – es sei denn, sie sind froh, wenn sie tyrannisches Verhalten nicht mehr ertragen müssen. Dann ist der Schritt einer entsprechend raschen Trennung die einzige Möglichkeit. Nur so erleben Kinder den entsprechenden Schutz und die Verlässlichkeit des Elternteils, der ihnen Angst und Schrecken nicht weiter zumuten will.

Lebt Ihre Beziehung?

Verliebtheit, Haus bauen und Kinder bekommen allein reichen nicht für ein stabiles Familienleben. Kinder sind kein Kitt, sondern eine Herausforderung für die Beziehung. Häuser sind irgendwann »fertig genug«, um den Charakter des großen gemeinsamen Projektes zu verlieren. Wochenenden am Bauplatz, das Fehlen von Urlauben oder zumindest kurzer gemeinsamer Auszeit höhlen das Zusammengehörigkeitsgefühl leicht aus. Plötzlich weiß man womöglich nichts mehr miteinander anzufangen. Auch in der Zeit der beruflichen Routine und hohen Auslastung sollte zwischendurch die Beziehung gepflegt werden, indem gemeinsamen Interessen nachgegangen wird. Dabei spielt die Qualität der gemeinsam verbrachten Zeit im Gegensatz zur zeitlichen Dauer eine tragende Rolle. Entdecken Sie wieder, was Sie früher gern gemeinsam gemacht haben oder schaffen Sie sich gemeinsame neue Interessen. Ein Paar entschloss sich zum Beispiel zu einem Hund, den es zum Rettungshund ausbilden ließ. Auf diese Weise erschlossen sich neue Aufgaben und Wissensgebiete. Auch der Bekanntenkreis konnte auf diese Weise erweitert werden. Seien Sie kreativ, suchen Sie nach Möglichkeiten gemeinsam die Welt wieder zu entdecken. Mit und ohne Kinder!

Geht es uns Eltern gut – geht es den Kindern gut!

Sie kommen am Abend müde nach Hause und wollen nur noch vor dem Fernseher sitzen? Einer der Partner legt sich zum Kind bis es einschläft und schläft dabei selbst ein. Erst am nächsten Morgen sehen Sie einander wieder beim Frühstück – nur kurz. So ein Verlauf darf natürlich sein, aber lassen Sie es besser nicht zur täglichen Gewohnheit werden. Denn auf diese Weise verstummen Beziehungen.

Bemühen Sie sich darum, ins Gespräch zu kommen, um Ihre Beziehung zu pflegen, zu verbessern und anstehende Probleme zu lösen. Eine einfache Möglichkeit, miteinander zu sprechen, bietet zum Beispiel ein gemeinsamer abendlicher Rückblick auf das Tagesgeschehen. Was ist passiert? Welche interessanten Entwicklungen hat es gegeben? Was tut sich Neues bei den Kindern? Bereden Sie Ihre Wünsche, Freuden und Ziele. Ähnlich wie bei einer Wanderung, auf der wir wiederholt darauf achten, dass wir uns nicht verlaufen, indem wir uns an Markierungen orientieren und gleichzeitig die schöne Landschaft genießen, wirkt das gemeinsame Bilanzieren einer Entfremdung entgegen.

Sobald wir Kinder haben, tragen wir für sie Verantwortung – kompromisslos, da wir nicht »ein bisschen« ein Kind haben können. Das Kindeswohl muss an erster Stelle stehen, das heißt aber nicht, dass Eltern deshalb leiden müssen. Es geht auch nicht um eine egoistische Haltung nach dem Motto »Hauptsache, mir geht es gut«. Ältere Geschwister sollten zum Beispiel nicht die Mutterrolle einnehmen müssen, weil die Mutter die Suche nach einer neuen Partnerschaft nach einer Trennung in ihren Lebensmittelpunkt rückt.

Vielmehr ist hier dosierte »Selbstfürsorge« gemeint.

Diese beginnt damit, sich nicht mit den kalten, unansehnlichen Resten der Mahlzeiten zu begnügen, die andere stehenlassen, und schließt auch mit ein, einen heiß ersehnten Mal-, Yoga- oder Tanzkurs zu besuchen, was bisher vermieden wurde, weil jeder Cent für die Kinder aufgewendet wurde und für nichts Zeit blieb. Unzufriedene, sich ausschließlich aufopfernde Eltern verbrauchen die Kraft, die sie für die Kinder an anderer Stelle brauchen. Ein zwecks Sparsamkeit genossener kalter Gemüsebrei mit ein paar zerquetschten Kartoffeln oder mit Ketchup verschmierte Hühnerreste im Bauch verbessern im Anschluss nicht gerade die Voraussetzung, ein bockiges Kind dazu zu bringen, eine Textaufgabe zu verstehen, bei der es gerade »auf der Leitung« steht. Dann wird es um einiges schwieriger, die richtigen Worte zu finden und entsprechend Geduld aufzubringen! Wenn die Eltern miteinander harmonieren, ist das nicht nur eine ideale Voraussetzung für einen ausgeglichenen Kräftehaushalt, es verschafft ihnen schlussendlich auch mehr Zufriedenheit. Zufriedene Eltern sind zumeist auch *»gute« Eltern*!

Stehlen Sie manchmal Pferde?

Partnerschaften, die unter dem Motto stehen, füreinander »die besten Freunde« und somit ein Team zu sein, können auch in der heutigen Zeit der »Lebensabschnittspartner« auf eine vielleicht sogar lebenslange, tragfähige Beziehung hoffen.

Die Einstellung, gemeinsam durchs Leben zu gehen, toleriert auch etwaige Gefühlsschwankungen dem Partner gegenüber. Menschen in gelungenen, langjährigen Beziehungen erheben nicht den Anspruch, dass die Verliebtheit ewig anhält, sondern leben von einem tiefen inneren Zusammengehörigkeitsgefühl und gegenseitiger Verantwortung. Es ist wahrscheinlich das, was wir unter Liebe verstehen. Sie erfüllen sich gegenseitig die erwähnten Grundbedürfnisse, lassen sich aber auch vertrauensvoll darauf ein, dass jeder Partner für sich selbst sorgt, indem er nicht den anderen für sein eigenes Glück verantwortlich macht und dadurch die Beziehung zerstört.

Gute, stabile Paarbeziehungen vermitteln den Kindern Vertrauen, Geborgenheit und Sicherheit, aber auch den Glauben daran, dass es Sinn macht, sich selbst an einen anderen Menschen zu binden. Abschreckende Paarbeziehungen, die von Einengung, Desinteresse und zu wenig Wertschätzung durchzogen sind, tragen durch die Vorbildwirkung und die emotionalen Folgen für das Kind wohl kaum zu einer optimistischen Haltung in Beziehungsfragen bei.

Kinder werden in ihrer Zuwendung zu den Eltern bei chronischen Konflikten oft innerlich zerrissen, da sie Mutter und Vater lieben. Als zusätzliche Belastung kommt dazu, dass jeder Elternteil um die Zuneigung der Kinder kämpft. Kinder fühlen sich oft verpflichtet, den schwächeren Elternteil zu stützen – eine Aufgabe, die Kindern nicht zuzumuten ist. Die psychischen Schmerzen der Eltern übertragen sich auf die Kinder, die sich ebenso verlassen oder wertlos fühlen, da sie offenbar nicht liebenswert genug sind, dass man als Elternteil bei der Familie bleibt. Diese tiefen Erfahrungen sind prägend!

Mit unserer Partnerschaft beeinflussen wir deshalb auch das Erreichen eines Zieles, das uns für unsere Kinder besonders am Herzen liegt: eine glückliche Paarbeziehung, in der sie sich neben all den Anforderungen des Lebens, sicher und geborgen fühlen können. So beschreibt Udo Jürgens diesen Wunsch an seine Tochter in dem Duett: »Ich wünsch dir Liebe ohne Leiden!«

Welche Erziehungsstrategie ist sinnvoll? »Bringt es etwas, wenn …?«

Der Alltag stellt Eltern im Umgang mit ihren Kindern regelmäßig vor Herausforderungen. Zahlreiche Fragen zum Thema Erziehung drängen sich auf, die sich darum drehen, wie das Kind dazu gebracht werden kann, ein bestimmtes Verhalten an den Tag zu legen oder es sich abzugewöhnen. Oft neigen wir Eltern dazu, diese Fragen pauschal zu stellen: »Bringt Computerverbot etwas?«, »Ist es sinnvoll, geplante Aktivitäten, Süßigkeiten generell oder den Nachtisch zu streichen?«, »Wie sinnvoll sind Hausarrest oder Strafarbeiten im Haushalt?«, »Darf ich mein Kind anschreien …?« Diese Liste an Fragen ist beinahe unerschöpflich, weshalb ich nur auf einige wenige eingehen möchte.

Denn wenn Sie das, was ich bisher erzählt habe, überdenken, stellen sich diese Fragen nicht oder zumindest nicht in dieser Form. Um Kinder erziehen zu können, gilt es, den »inneren Draht«, also die gute Beziehung, aufrechtzuerhalten und nicht mit vergleichsweise oberflächlichen, einzelnen erzieherischen Verhaltensweisen Grundsätzliches zu verändern. In der Hitze des Gefechtes kann es aber zu »Rund-um-Schlägen« oder »Schüssen aus der Hüfte« kommen, die diese Vertrauensbasis zerstören. Fragen wir uns doch selbst, ob wir es dulden würden, wenn unser Partner uns einsperrt oder uns unsere Lieblingsschuhe wegnimmt, weil wir nicht das tun, was er von uns will, oder was gegenseitiges Anschreien bei uns bewirkt. Es hilft vielleicht im Augenblick, ein Kind ins Zimmer zu sperren oder ihm sein Lieblingsspielzeug wegzunehmen, um ein unerwünschtes Verhalten zu unterbinden. Das Vertrauen in das Wohlwollen der Eltern bekommt jedoch einen Sprung. Aus Angst vor weiteren Konsequenzen wagt das Kind möglicherweise keinen Widerstand mehr oder fordert die Eltern mit immer massiverem

Verhalten heraus, was zu immer drastischeren Mitteln führt. Der Machtkampf ist dann eröffnet, der »Sieg« fragwürdig.

Es gilt also, im Dschungel der Erziehungsfragen den Überblick zu bewahren und sich folgende allgemeingültige Kernfragen vor Augen zu führen:

1. Um welches Erziehungsziel handelt es sich konkret? Was soll das Kind lernen?
2. Was kann ich tun, um das Vertrauen des Kindes in jedem Fall aufrechtzuerhalten?

Welche Erziehungsziele sollten wir für unsere Kinder im Blickfeld haben?

- *Wirtschaftliche Unabhängigkeit:* Das Kind soll sich zu einem Erwachsenen entwickeln, der sich finanziell gesehen selbst erhalten kann. Die Luxusausführung besteht darin, einen Beruf zu finden, der das Gefühl von Sinnhaftigkeit und Freude ermöglicht.
- *Praktische Selbstständigkeit im Alltag:* Dinge wie Einkaufen und Haushalt, Amtswege, Vereinbarung von Arztterminen etc. sollten ohne Probleme später selbst übernommen werden.
- *Bindungsfähigkeit und Zuverlässigkeit:* Wir alle wünschen unseren Kindern einen ausreichend großen Bekanntenkreis, zuverlässige Freunde und eine glückliche Partnerschaft.
- *Hobbys* und *Interessen* sowie die *Zeit* und die *Mittel*, diesen auch nachzugehen.
- *Glücksfähigkeit*, *Genussfähigkeit*, *Zufriedenheit* und *emotionale Selbstständigkeit*, also unangenehme Gefühle auch selbst ausgleichen zu können.

Nehmen wir nun ein paar der häufig gestellten Erziehungsfragen hinsichtlich ihrer Sinnhaftigkeit unter die Lupe:

Wie sinnvoll ist …

- *Zimmerarrest?* »Einsperren« bringt nichts – zumindest nicht ohne unerwünschte Nebenwirkungen! Stellen Sie sich die Frage, was Sie nachhaltig (!) erreichen wollen: Soll sich das Kind beruhigen oder über den aktuellen Konflikt nachdenken? Dann kann eine Form von »Timeout« förderlich sein, um Druck aus der Situation zu nehmen. Konkret kann dies so aussehen, dass eine Bezugsperson allein mit dem Kind in einen anderen Raum geht, insbesondere, wenn das Kind noch kleiner ist. Es soll sich beruhigen und nicht weggesperrt werden! Größere Kinder, etwa ab dem Volksschulalter, können abhängig von der Situation allein in ihr Zimmer geschickt werden, damit sie sich einerseits beruhigen können, andererseits, um über einen etwaigen Konflikt nachzudenken. Allerdings nur für eine überschaubare Zeit, also einige Minuten, um danach in entschärfter Situation in Ruhe reden bzw. zu den anderen zurückkehren zu können.
- *Hausarrest?* Wenn sich ein Jugendlicher nicht an Vereinbarungen hält (nicht pünktlich heimkommt, ohne zu fragen fortgeht, das Ausgehen die Schulleistungen beeinflusst …), bringt es etwas, den Jugendlichen aus einem klaren Grund heraus nicht abends ausgehen zu lassen. Das Haus gar nicht zu verlassen, um geregelten Aktivitäten nachzugehen, ist für gewöhnlich unproduktiv und gilt lediglich manchmal in Einzelfällen, um das Kind bzw. den Jugendlichen zu schützen. In diesem Fall geht es beispielsweise darum, dass sich der Jugendliche sonst Drogen besorgt, sich regelmäßig betrinkt, mit einem fragwürdigen Freundeskreis seine Zeit verbringt oder Gefahr läuft, anderes selbst- oder fremdgefährdendes Verhalten zu zeigen. Ausgehverbot allein wird jedoch

nicht helfen, dem eigentlich zugrundeliegenden Problem Herr zu werden.
Ziel der Erziehung sollte es in diesem Falle sein, dass ein Kind lernt, zuverlässig zu sein und von sich aus danach strebt, sich in einem stabilen, förderlichen Umfeld aufzuhalten. Sportliche oder andere förderliche Aktivitäten zu unterbinden, ist in den meisten Fällen nicht sinnvoll. Das ist nur dann vorübergehend ratsam, wenn z.B. für die Schule viel nachgeholt werden muss, um aktuelle, massivere Schulprobleme zu vermeiden.

- *Taschengeldentzug?* Dem Kind Taschengeld zu geben, erfüllt den Zweck, neben der Freiheit, sich – ohne die Eltern zu fragen – selbst etwas kaufen zu können, zu lernen, mit Geld vernünftig umzugehen. Wichtig ist es, dem Kind ein angemessenes Taschengeld zu geben und Übersicht über die Ausgaben zu gewinnen. Dem Kind wegen einer schlechten Note das Taschengeld zu streichen, ist prinzipiell fragwürdig, weil der Sinn von Taschengeld in keinem Zusammenhang mit der Schulleistung steht. Es sei denn, die Schule wird mit einem Job verglichen: Bemüht sich das Kind für die Schule, kann es quasi regelmäßig »entlohnt« werden. Dies sollte aber mit dem Kind auch so vereinbart sein, um es zu mehr Leistungsdisziplin zu motivieren.
- *Handy wegnehmen?* Wenn das Kind dem Handy verfallen ist und nichts anderes mehr tut, als sich damit zu beschäftigen, ist es sinnvoll, ihm das Handy für gewisse Zeiten mit entsprechender Begründung zu entziehen und alternative Aktivitäten anzubieten oder zu fördern. Sonst verfällt das Kind dem Suchtpotenzial, die Smartphones zweifellos in sich tragen. Der Zwang, jede freie Minute mit Spielen aufzufüllen oder für seine Freunde »online« sein zu müssen, kann nur durch Entzug des Handys unterbrochen werden. Dazu kommt, dass die oft stundenlange Beschäftigung mit dem Smartphone

nur noch wenig Zeit und Energie für andere Betätigungen lässt. Hausübungen, kreatives Gestalten, aber auch Sport kommen dabei in der Regel zu kurz.

- *Computerverbot?* Auch ein Verbot, den Computer zu benützen, ist nur sinnvoll, wenn das Kind sonst keinen anderen Freizeitbeschäftigungen nachgeht. Es zählt immer die Ausschließlichkeit einer Beschäftigung. Das Spielen mit dem PC ist ja, abgesehen vom Inhalt der Spiele, nicht prinzipiell schlecht!
- *Strafaufgaben im Haushalt?* Warum sollte Hausarbeit Strafe sein? Als Eltern laufen wir dabei Gefahr, uns mit solchen Auflagen selbst ins Knie zu schießen, da das Kind dann jegliche Mithilfe als Strafe verbucht. Das Kind sollte jedoch lernen, sich für das Gemeinwohl an diversen Arbeiten zu beteiligen. Auch wenn das Kind nur am PC oder am Handy hängt und deshalb aufgrund schlechter Laune seine Eltern und Geschwister anschnauzt, wird es Zeit, sich am echten Leben zu beteiligen. Dazu gehört es eben auch, mitzuhelfen, um einen Realitätsbezug zu bekommen, ohne deshalb vom »Ernst des Lebens« zu sprechen. Es ist also weder nötig noch zielführend, Arbeiten im Haushalt und Garten als Strafe zu verkaufen.
- *Keine Süßigkeiten (»normale Mengen«)?* Wenn das Kind im Geschäft unfreundlich ist, nicht folgt oder Szenen macht, wäre es unproduktiv, ihm im Supermarkt gleich Süßigkeiten zu kaufen, wenn es darum bittet. Einen Zusammenhang zwischen schlechten Noten oder anderen unerwünschten Verhaltensweisen und dem Entzug von Süßigkeiten zu schaffen, ist nicht förderlich.
  An sich ist davon abzuraten, Essbares zu sehr an die Gefühlswelt zu binden (Belohnung und Strafe). Die Gefahr, später ins »Frustessen« oder in protestbehafteten Nahrungsentzug zu rutschen, steigt und ist uns ja selbst oft nicht so fremd! Dann und wann für eine gute Schulleistung gleich nach der Schule ein Eis oder eine Extraporti-

on Pommes zu kaufen, ist natürlich absolut in Ordnung! Der Unterschied liegt darin, Belohnung nicht *immer* nur mit Essen zu verbinden!
Dauerhafte Konfliktsituationen zwischen Kindern hauptsächlich mit Naschereien oder Geschenken nach dem Motto »Wenn jeder sein Lieblingseis hat, werden sie sich schon wieder beruhigen« abzustellen, ist keine gute Idee. Statt das Problem zwischen den Geschwistern an der Wurzel zu lösen, kommt es nur zu einer Ablenkung durch etwas Essbarem. (Dies führt am Problem vorbei, da die Gefühle der Kinder nicht ernst genommen werden.) Wie würden es wir Erwachsene aufnehmen, wenn uns der Chef bei zermürbenden Dauerkonflikten im Team statt entsprechendem Interesse und Lösungsversuchen einen Müsliriegel oder ein paar Euro für ein Eis auf den Schreibtisch legen würde?

- *Kein Nachtisch?* Dem Kind den Nachtisch zu streichen, ist nur sinnvoll, wenn das Kind dazu neigt, von der Hauptspeise nichts zu essen. Es ist nicht förderlich, wegen einer schlechten Note oder wegen »Frech-Seins« etc. den Nachtisch zu verbieten. Alles andere sind erzieherische »Schüsse aus der Hüfte«! Die Gier nach Süßem wird womöglich noch stärker.
- *Vereinbarte Aktionen ausfallen lassen?* Wenn Sie etwas, was Sie mit dem Kind vereinbart haben, nicht einhalten können, sollten klare, nachvollziehbare Gründe vorhanden sein, die das Kind weiterbringen. Eine schlechte Note z.B. ist nur dann ein Grund, wenn die Lernzeit für die nächste Schularbeit dringend gebraucht wird oder es sich tatsächlich nicht bemüht hat. Es kann auch dann zielführend sein, wenn das Kind sich nicht an klare Vereinbarungen gehalten hat. All das aber sollte im Vorfeld klargelegt werden. Ansonsten laufen wir Gefahr, dem Kind nur dann ein schönes Erlebnis zu bieten, wenn es eine gute Note hat. Sollte es also im Zeugnis keine

Auszeichnung erreicht oder in einem Fach etwas enttäuschend abgeschnitten haben, sollte im Vorfeld klar sein, ob wegen der Noten oder einfach wegen des Schulschlusses zur Feier des Tages der Vergnügungspark besucht wird! Liebe wird nur allzu leicht an Bedingungen geknüpft. Die vereinbarte Aktion sollte ja unter Umständen zeigen, dass es neben der Schule noch ein anderes Leben gibt. Jeder sollte aber seinen Teil dazu beitragen.

- *»Wenn du nicht sofort ..., dann ...?* Formulierungen dieser Art klingen nach Erpressung und das sind sie auch bis zu einem gewissen Grad. Die Sinnhaftigkeit solcher Formulierungen ist von der Situation und der gestellten Forderung abhängig und muss nicht als Drohung rüberkommen! Klare »Wenn-dann«-Beziehungen sind prinzipiell hilfreich für den Lernprozess und die Welt funktioniert ja auch oft so: Wenn die Punktezahl in Mathe nicht reicht, ist die Schularbeit negativ ... ansonsten positiv! Streng genommen ist jeder Einkauf Erpressung. Zahlen wir das Brot nicht, bekommen wir keines. Bei all diesen Fällen geht es darum, ob es sich um einen Machtkampf im engeren Sinne oder um eine klare Folge handelt. »Wenn du dich jetzt nicht fürs Bett fertig machst, gibt es keine Zeit mehr fürs Vorlesen!« Das ist nachvollziehbar und ursachenverbunden. Wenn du dich nicht bemühst, bekommst du auch kein »Extra«. Das Kind lernt, die Folgen seines Verhaltens einzuschätzen.
- *Belohnungen?* sind in Ordnung, ja sogar notwendig! Sie sollten aber an die besondere Leistung angepasst sein. Belohnungen helfen außerdem, den »inneren Schweinehund« zu überwinden. Achtung! Nur kurzfristige Belohnungen wirken! Die Belohnung für die Mathe-Schularbeit sollte nicht der Sommerurlaub in sechs Monaten sein. Dennoch sollte diese Methode gezielt eingesetzt werden und nicht nach dem Gießkannenprinzip, da Kinder lernen sollen, sich nicht nur dann zu bemühen, wenn

etwas für sie herausspringt. So rate ich davon ab, für Haushaltstätigkeiten prinzipiell zu bezahlen, da das Zuhause kein Hotel ist, sondern eine Wohngemeinschaft, in der sich jeder zu einem vereinbarten, altersentsprechenden Ausmaß einbringen sollte.
Andererseits ist es natürlich in Ordnung, das Prinzip von »Geben und Nehmen« im Alltag zu vermitteln. Ich helfe dir, bitte hilf auch du mir! Bei besonderen Hilfeleistungen darf einmal eine Extrabelohnung sein »Weil du mir heute so toll geholfen hast, darfst du dir einen Film anschauen, lade ich dich zu einem Eis ein ...« Aber natürlich nicht dann, wenn das Kind endlich (!) sein Zimmer aufgeräumt hat!

- *»Ich will nicht, dass mein Kind eine ›Heulsuse‹ wird« – Soll ich es ignorieren, wenn mein Kind weint, oder nicht?* Der Umgang mit Schmerzen und Enttäuschungen ist kulturell geprägt und beeinflusst auch das subjektive Schmerzerleben. Wie überall kommt es auf die richtige Balance an: Fällt ein Kind hin und weint, ist dies natürlich ernst zu nehmen.
Ich beziehe mich hier nicht auf das häufige, wahrscheinlich kaum schmerzhafte »Dauerhinfallen« kleiner Kinder, das keiner besonderen Beachtung bedarf. Hinfallen tut manchmal weh, auch wenn es keine ernsthafte Verletzung nach sich zieht. Mitgefühl ist dabei angebracht: »Oje, hast du dir wehgetan? Lass sehen! Ja, du bist da rot und ein bisschen blutest du auch! ... So, das wird gleich wieder besser ... komm, steh auf, ich helfe dir! Ist nichts Schlimmes ... so, geht es wieder? Natürlich wird es jetzt noch länger wehtun, aber es wird wieder gut!«
Es ist wichtig, dem Kind das Mitgefühl entgegenzubringen und ihm etwas Zeit zu lassen, um sich zu beruhigen. Dann geht es wieder weiter. In Aufruhr zu geraten oder sofort die »Notfalltropfen« etc. zu zücken, dramatisiert die Situation und zeigt dem Kind, dass es ohne Medika-

ment oder »Zaubermittel« mit der Situation nicht fertig wird oder die Eltern das glauben. Da ist es dann gleichgültig, ob das Mittel ohnehin »nur pflanzlich« oder homöopathisch ist oder nicht. Es schluckt etwas oder wird hektisch eingeschmiert, obwohl es nicht nötig wäre. Andererseits ist das Ignorieren des Schmerzes oder gar das Lachen darüber keine Alternative, um das Kind nicht zu verweichlichen. Auch ist es nicht hilfreich, dem Kind von eigenen, viel schlimmeren Verletzungen zu erzählen, bei denen man selbst kein »Theater« gemacht hat. Bei solchen Reaktionen besteht die Gefahr darin, dass das Kind unangenehme Empfindungen wie Schmerz, Wut oder Traurigkeit am liebsten nicht mehr zeigt und unter den Teppich kehrt. Das häufige, harmlose Hinfallen kleiner Kinder wird jedoch erst dann zum Problem, wenn die Erwachsenen dem Kind durch ihre Aufregung suggerieren, dass ihr Sturz jetzt doch schlimm war und Weinen gerechtfertigt ist. Die Panik der Eltern und das Weinen des Kindes können sich förmlich dabei aufschaukeln.

Ob eine Erziehungsmaßnahme als »richtig« oder »falsch« anzusehen ist, hängt bis zu einem gewissen Grad davon ab, inwieweit sie auf wohlwollende, einfühlsame Weise ein sinnvolles, nachhaltiges und für das Kind wünschenswertes Erziehungsziel erreichen kann. Um den Nutzen einer Methode für das eigene Kind abschätzen zu können, sollte eine vertrauensvolle Beziehung zum Kind vorhanden sein. Die Frage, die wir uns stellen sollten, lautet, inwieweit unsere geplante Erziehungsmethode die weiter vorne abgehandelten Grundbedürfnisse und somit das Vertrauen zueinander stärkt oder diese eher zerstört.

Ein Blick in den Spiegel: Die Macht unserer Haltungen

Welches Bild haben Sie von der Welt und der Gesellschaft, in der Sie leben? Welche Erfahrungen haben Sie durch Ihre eigenen Eltern verbucht? Sind Sie von Ihrem Wesen her eher optimistisch, gesellig, offen für Neues oder eher pessimistisch und misstrauisch, abenteuerlustig oder eher vorsichtig? Welche Werte stehen bei Ihnen an oberster Stelle? Was glauben Sie brauchen Ihre Kinder, um möglichst gut durchs Leben zu kommen, und was wollen Sie ihnen unbedingt vermitteln?

Unsere Erziehungsziele und die Art und Weise, wie wir sie umsetzen, hat wohl eine Menge mit uns selbst zu tun. All das Positive, das wir selbst in unserem Leben erfahren haben, wollen wir auch unseren Kindern zukommen lassen. Das, was uns Schmerzen zugefügt oder wo wir unserem Empfinden nach Mängel erlitten haben, sind wir bemüht, für unsere Kinder besser zu machen.

»Meine Eltern haben zwar immer sehr viel gearbeitet. Dennoch war es finanziell äußerst knapp, weshalb es oft zu Streitigkeiten kam. Deshalb möchte ich, dass meine Kinder keinem materiellen Verzicht ausgesetzt sind! Ich wollte immer eine elektrische Eisenbahn haben, aber die war natürlich zu teuer! Mein Kind soll die schönste Eisenbahn haben!«, »Ich musste bald arbeiten gehen, um die Eltern finanziell zu entlasten. Es stand nicht zur Debatte, mir einen Beruf aussuchen zu können. Meine Kinder sollen es da besser haben und die Ausbildung bekommen, die sie sich wünschen – koste es, was es wolle!« Solche Aussagen sind typisch für viele Eltern. Waren wir selbst Einzelkinder und hätten gerne Geschwister gehabt, werden wir uns bemühen, dass unser Erstgeborenes nicht allein bleibt. Sind wir in der Geschwisterreihe von acht Kindern untergegangen, werden wir uns hüten, eine Großfamilie zu gründen. Anders, wenn es für uns eine beglückende Erfahrung war, nie allein sein zu müssen.

Vielleicht haben wir aber auch selbst etwas verabsäumt, was wir unseren Kindern ermöglichen wollen? »Ich wollte immer Klavierspielen lernen, doch ... ich hatte dafür keine Zeit!« »Ich wollte Schauspielerin werden, aber ich habe mich ehrlich gesagt nicht getraut, mich zu bewerben!« Oder wir wollen, dass unsere Kinder nach uns geraten, weil wir es selbst geschafft haben, den für uns perfekten und somit für uns einzig gültigen Weg zu beschreiten: »Ich bin ins Gymnasium gegangen, also musst du es auch! Egal wie, aber etwas Anderes kommt nicht in Frage!«, »Ich bin Arzt/Professor/Rechtsanwalt etc. also musst du einen Beruf mit vergleichbarem Prestige ergreifen – dein älterer Bruder schafft es ja auch!«, »Einzig und allein dein Kontostand ist wesentlich! Schau darauf, dass du genug verdienst, also geh in die Wirtschaft, das Interesse daran wird schon kommen!«

Aussagen wie diese lesen sich wahrscheinlich leicht und viele werden diese Form von Druck, der in der Erziehung entstehen kann, verstehen können, weil sie ihn nachempfinden können oder am eigenen Leib erfahren haben. Worin aber liegt nun unsere besondere Verantwortung?

Werden die Kinder so wie wir? Sind wir so wie unsere Eltern?

Eines vorweg: Eltern hatten ebenfalls Eltern, die von diesen erzogen wurden und das in einer anderen Zeit und unter anderen Umständen. Manches zieht sich dabei wie ein roter Faden durch die Generationen. Zu Unrecht werden dafür oft die Gene verantwortlich gemacht. Werthaltungen, die auf Erfahrungen in der Vergangenheit beruhen, werden durch Aussagen und dem aktiven Vorleben weitergegeben. Wie eine Kette werden diese den Kindern oft förmlich um den

Hals gehängt: »Ich habe als Kind meine Schwester verloren: Deshalb *müssen* meine Kinder, meine Enkel *immer* eine gute und kontaktreiche Beziehung zu ihren Geschwistern haben und sich permanent darum bemühen«, »Ich habe nie ein Auto gehabt, deshalb *muss* sich mein Kind ungefragt über ein geschenktes Auto freuen!«

Die Gefahr, die in unseren Haltungen lauert, besteht darin, dass wir unseren Kindern, ohne es zu wollen, unsere vielleicht unbewältigten Erfahrungen oder Überzeugungen überstülpen, in dem Glauben, dass sie für diese genauso richtig sein müssen, wie sie es für uns gewesen wären. Wir verlangen schließlich von den Kindern, dass sie sich unseren Erwartungen gemäß verhalten und das in der Gegenwart lösen, was in der Vergangenheit für Unfrieden, Schmerz oder für unsere besondere Freude gesorgt hat.

Die Aussprüche »Ich möchte genauso werden wie meine Eltern« oder im Gegensatz »Ich möchte niemals so werden wie meine Eltern« sind vielen geläufig. Manche Menschen versuchen, ihre Eltern nachzuahmen oder einer zu großen Ähnlichkeit entgegenzusteuern. Aber dennoch sollten wir immer wieder all unsere Erwartungen, die wir an unsere Kinder haben, hinterfragen, da wir uns dem Einfluss unserer eigenen Kindheit und Jugend kaum entziehen können und »blinde Flecken« ausgebildet haben.

»Perfektionsfallen« – auch in der Erziehung?

Überdosis

Sicher gibt es tragische Ausnahmen, aber normalerweise lieben Eltern ihre Kinder und wollen ihnen von Anfang an das Beste geben. Sowohl Namensgebung wie auch religiöse oder andere Rituale und Symbole in Form von Weihrauch, Salben, Kettchen etc. sollen dem Kind sinnbildlich Schutz und Stärke geben und sie vor dem Unheil des Bösen bewahren.

Prinzipiell sind also die Bestrebungen von Eltern richtig und wünschenswert. Schaffen wir Menschen es, durch unser Zutun ein Ziel zu erreichen, werden wir für gewöhnlich mit einem Gefühl von Zufriedenheit, Erleichterung oder sogar mit einem Glücksgefühl belohnt.

Wie alles, kann auch das Streben, das Beste zu geben, zu viel werden, sodass der eigentliche Zweck verfehlt wird und wir das Ziel nicht erreichen oder nur zu einem hohen Preis.

Die Gesellschaft entwickelt sich dahingehend, dass jeder sich individuell entfalten kann. Das klingt auf den ersten Blick nach größerer Freiheit. Die Kehrseite der Medaille liegt darin, dass jeder gleichzeitig für sein eigenes Vorankommen und ebenso für ein mögliches Scheitern auch allein verantwortlich ist. Daraus folgt ein stärkeres Konkurrenzverhalten, um der Beste zu sein und im Kampf um den ersten Platz nicht unterzugehen. Vom Empfinden her wiegt heute der Einzelne mehr als die Gruppe. Die »Egomanie« erfreut sich eines guten Nährbodens! Die Latte liegt folglich zunehmend höher, um andere zu übertrumpfen, weshalb es zum Normalzustand gehört, unter vermehrtem Kraftaufwand seine Schäfchen ins Trockene zu bringen. Über kurz oder lang schlittern viele schließlich in Erschöpfungszustände, dem nur allzu geläufigen »Burnout«, die sie erst recht daran hindern, ihrem hohen Selbstanspruch zu genügen. Unserem Anspruch auf Perfektion werden wir dann gar nicht gerecht, weil wir unsere Ziele im Endeffekt nicht erreichen. Fitnessuhren, die uns permanent feedbacken, ob wir uns nun im Normbereich befinden oder nicht, »soziale« Medien und die Jagd nach möglichst vielen »Likes« runden die Charakteristika der aktuellen Trends ab.

Fatal, wenn wir genau diese Entwicklung auf unsere Kinder übertragen! Können wir es überhaupt verhindern? Nur indem wir auf der Hut sind – auch bei uns selbst!

Warum ändern Betroffene aber ihr Verhalten nicht, wenn sie sogar erkennen, dass ihr Anspruch an sich selbst oder auch an ihre Kinder zu hoch ist?

Eine strenge innere Stimme lässt uns starr werden

»Ich weiß eh, dass ich mir zu viel zumute und dass ich im Job nicht alles von meiner Kollegin übernehmen soll, aber ich kann einfach nicht anders! Ich war schon immer so! Ich habe das so von daheim mitbekommen!« Wenn Betroffene sich auf diese Weise selbst erkennen, zeigt dies bereits, dass sie auf einem guten Wege sind, sich aus der Perfektionsfalle zu befreien. Aber wie kann es sein, dass wir Dinge tun, obwohl wir merken, dass sie uns nicht guttun oder wir unser Ziel nicht erreichen?

Kennen Sie das Gefühl, wenn sich in Ihrem Kopf in so manchen Situationen mehrere »innere Stimmen« zu »Wort melden«? Dies geschieht beispielsweise, wenn wir knifflige Entscheidungen zu treffen haben. Wenn wir das obige Beispiel hernehmen, meint die eine Stimme offenbar: »Warum sollst jetzt du allein die Arbeit deiner Kollegin übernehmen und deshalb Überstunden machen, die du nicht einmal verwerten kannst?« Die andere, anscheinend lautere Stimme meint hingegen: »Das gehört sich schon, dass du jetzt einspringst. Du musst die Erwartungen deines Vorgesetzten erfüllen, weil man eben seine Pflichten zu erfüllen hat. Vielleicht zahlst du ja dieses Mal nicht drauf? Außerdem ist man mir dann böse, wenn ich nicht das tue, was man von mir erwartet.« Auch wenn bisher ungünstige Erfahrungen mit etwaigem beruflichen Übereifer verbunden sind, ändert sie das Verhalten nicht – sie bleibt starr auf demselben Weg, die Betroffene »kann nicht anders«. Ein Teil der »inneren Stimme« treibt sie also an, Dinge zu tun, die im Endeffekt ungünstig für sie sind. Gründe wie: »Ich halte das schon aus! Ich bin nur dann wertvoll, wenn ich *immer alles* gebe!«, rechtfertigen dieses Verhalten. Ein anderer Lösungsversuch wird nicht unternommen oder auch gar nicht gesehen. Das Verhalten bleibt gleich und somit starr und kann wiederum in der Erziehung an die Kinder weitergegeben werden. Und wie kann sich unflexibles Verhalten in der Erziehung äußern?

Passieren einem Kind beispielsweise beim Diktat trotz umfangreicher Übungen und eines Computerverbots zu Hause in der Schule weiterhin viele Fehler, ist es fraglich, ob noch mehr Übungsdiktate und noch mehr Verbote daheim zum Ziel führen – wohl kaum! Hier wird es nötig sein, die Strategie zu verändern. Vielleicht kann das Kind die Wörter nicht sicher genug schreiben? Braucht es Eselsbrücken, um sich manche Schreibweisen besser zu merken? Ist es einfach zu nervös beim Diktat? Wie fühlt es sich in der Klasse? Hat es Freunde? Wird es gehänselt? Hat es eine Lese-Rechtschreib-Schwäche? Ein Zeichen, dass unsere »innere Stimme« als ungünstiger »Antreiber« am Werk ist, erkennen wir also daran, dass wir alle Kraft dafür einsetzen, »mehr desselben« zu geben, anstatt unsere Strategie zu verändern.

Warum verhalten wir uns aber so und nicht anders? Was treibt uns dazu, bei der gleichen Strategie zu bleiben?

Was treibt uns an?

Was finden wir gut und richtig, was hingegen falsch und schlecht? Was tut »man« und was »geht gar nicht«? Neben vom Staat oder auch von der Natur festgelegten Gesetzen verfügen wir über gesellschaftliche Regeln, die uns dabei helfen sollen, uns in unserem sozialen Umfeld zu orientieren. Diese gesellschaftlichen Regeln sind jedoch bei Weitem nicht so eindeutig und lassen dadurch einen gewissen Spielraum. Deshalb können diese Normen, Werte und Regeln zwischen den Menschen recht unterschiedlich sein. Jede Familie hat ihre eigenen Regeln dahingehend, welches Verhalten erwünscht oder nicht erwünscht ist. So ist es für die eine Familie »normal«, dass die Kinder Markenkleidung tragen, beim Essen kleckern dürfen, höflich sein müssen oder nicht, ins Gymnasium gehen, eine Lehre absolvieren, andere Kinder einladen, Haustiere haben dürfen, fleißig sein müssen ... Was also gut oder schlecht ist, erstrebenswert oder nicht, ist in unserem persönlichen »Wertsystem« recht stabil verankert. Dieses bestimmt unsere Ziele und somit unser Verhalten.

Das Wertsystem entwickelt sich durch unsere Erziehung und die daraus resultierenden Erfahrungen. Bereits mit vierzehn ist das Wertsystem recht fix und somit nicht mehr so leicht veränderbar, es sei denn, wir haben triftige Gründe dafür. Eine etwaige Übersteigerung unserer Regeln wie beispielsweise, dass Top-Leistungen und absoluter Einsatz persönliche Notwendigkeiten sind, um gut durchs Leben zu kommen, sind uns kaum bewusst, weil diese Haltungen für uns normal sind und wir sie somit für richtig halten. Wir sehen die Welt mit unseren eigenen Augen und beachten nur das, was unsere Sichtweise bestätigt. Sind wir der Ansicht, dass man nur mit Top-Leistungen wertvoll ist und gut durchs Leben kommt, werden wir uns durch Menschen, die tatsächlich durch geringere Leistungen existenzielle Probleme bekommen, in unserer Ansicht bestärkt fühlen. Diese Spielform des Vorurteils wird auch »Selbsterfüllende Prophezeiung« genannt. Das kann Eltern dazu antreiben, von ihren Kindern genau diese Top-Leistungen abzuverlangen, da sie meinen, nur so für ihre Kinder das Beste zu tun.

Wie erkennen wir unser persönliches Wertsystem? Ein wesentlicher Hinweis besteht in dem beliebten Wörtchen »man«, das sich immer wieder in unsere Äußerungen einschleicht! Wollen wir ehrlich bei uns selbst auf die Suche gehen, werden wir alle ausnahmslos fündig werden. »Man« geht mit Vorliebe mit Pauschalaussagen, Verallgemeinerungen und Polarisierungen einher: »immer«, »alle«, »keiner«. Diese Glaubenssätze, die wir alle in uns tragen, zeichnen sich durch ihre Stabilität aus, da wir sie kaum hinterfragen und sie somit in Situationen mitschleppen, in denen sie uns auch im Wege stehen können. Teile unseres Wertsystems können somit »veraltet« sein, weil sie nicht oder nicht mehr in unsere aktuelle Lebenssituation passen oder schlichtweg übersteigert sind.

Vertreten wir beispielsweise den Glaubenssatz »Man muss immer das Beste geben«, kann uns diese Haltung dabei helfen, in der Ausbildung und im Job erfolgreich zu sein. Denn sobald die Anforderungen im Job Mehraufwand verlangen, kann genau diese Einstellung dazu führen, sich im Job selbstlos zu erschöpfen. Ob man dem wachsenden Druck langfristig standhalten kann, ist eine andere Frage. Antreiber dieser Art können uns somit durch ihre Verbissenheit darin blockieren, flexibler auf eine Situation zu reagieren, um uns selbst zu schützen. Es fehlt der kritische Blick aus der Vogelperspektive, um die Situation von einem gewissen Abstand aus klarer zu bewerten. Wir sind uns selbst gegenüber betriebsblind!

Übertragen auf die Kindererziehung kann das im ungünstigsten Fall bedeuten, dass wir dann und wann an unseren Kindern »vorbei« erziehen, weil wir, geblendet von unseren Man-Sätzchen und den daraus entstehenden Ansichten, die tatsächlichen Notwendigkeiten trotz bester Absicht übersehen. Der Spruch »Man muss sich immer durchsetzen, sonst geht man unter« fordert streng genommen die Ellbogentechnik, obwohl sie für die Gemeinschaft und im Endeffekt für das Kind kontraproduktiv ist. Besser wäre es, diese Ellbogentechnik lediglich für Notsituationen aus dem Ärmel ziehen zu können.

Die Ansprüche an uns selbst und die damit verbundenen Glaubenssätze, die zu blockierenden Antreibern werden können, unterscheiden sich von Mensch zu Mensch, verfolgen aber ähnliche Ziele. Denn, auf den Punkt gebracht, geht es um den ständigen Kampf, das Selbstwertgefühl und darum, die eigene Existenz in unserem gesellschaftlichen Umfeld zu retten. In jeder Gruppe gibt es Werte und Regeln, die entweder klar festgelegt oder allgemein gehalten als Richtlinien gelten. Diese Regeln tragen wir in Form der erwähnten »Man«-Sätze und diversen Sprüchlein und Leitsätze in uns: »Man soll immer das Beste geben«, »Ehrlich währt am längsten«, »Was man beginnt, führt man zu Ende!«. Diese Regeln entscheiden in Gemeinschaften, wer dazu gehört und wer nicht, wer führt und wer sich unterzuordnen hat. Diese Regeln können also eine bestehende Gemeinschaft ordnen und sie vor Chaos schützen. Wer die Regeln bricht, wird möglicherweise entsprechend der jeweiligen Kultur ausgestoßen, gemobbt oder ignoriert.

Nur nichts verpassen oder bloß nicht negativ auffallen!

Wer will schon aus der Rolle fallen? Sich zu blamieren, ist ein schmerzhafter Gefühlszustand, den wir tunlichst vermeiden wollen. Immerhin besteht ein wesentliches Grundbedürfnis darin, dazugehören zu wollen! Deshalb ist es so unangenehm, wenn das Kind sich im Supermarkt kreischend auf den Boden wirft: Niemand will als Mutter entlarvt werden, die ihr Kind nicht im Griff hat! Jede will ein Kind, das gute Schulleistungen erbringt – für das Kind selbst, aber auch für den guten Ruf.

Der Wunsch nach Überlegenheit

Nicht nur der Wunsch, dazugehören zu wollen und nicht aus der Gesellschaft gemobbt zu werden, bestimmt unser Denken und Verhalten. Wir wollen gerade heute als besonders erfolgreich hervorstechen, um nicht unterzugehen. Wer freut sich nicht über den ersten Platz beim Wettbewerb oder kennt schmerzende Neidgefühle im Falle von Niederlagen? Zugegeben: Manche verhalten sich höchst kultiviert und zurückhaltend, andere leben ihren Drang, ihre Überlegenheit zu zeigen, ungebremst aus. Nicht alle Menschen verfügen in diesem Bereich über eine gute Kinderstube. Angeberei ist weit verbreitet und geht von plumper Prahlerei bis hin zu bescheiden wirken sollenden Anmerkungen der eigenen Überlegenheit anderer gegenüber.

Geradezu löwenartig verhalten sich Eltern bei Aktivitäten oder Entwicklungsschritten ihrer Kinder. Wie groß ist der Stolz, wenn ihr Kind früher laufen kann als andere, schon alle Zähne hat und vermeintlich mit vier Jahren zu lesen beginnt! Wir begegnen über einige Zeit recht vielen »Wunderkindern«, was sich oft relativiert, sobald das Kind die Schule besucht. Wie knallhart kann der Wettbewerb bereits in manchen »Mutter-Kind-Krabbelgruppen« ausfallen! In diesen wird genau gecheckt, wer stillt und wer den biologischsten aller Bio-Obstriegel für sein Kind wählt oder »nur« Tragetücher verwendet. Wer kauft seinem Kind »Gläschen«, statt alles selbst zu kochen, fragen die einen, wer übertreibt und kocht alles selbst, statt Gläschen zu verwenden, die anderen. Und das je nach Gruppenregel vegan oder betont bodenständig? Wer ist so fortgeschritten, dass die Stoffwindel wieder ihren Siegeszug feiert? Oder so schlau, die preiswertesten und besten Wegwerfwindeln entdeckt zu haben?

Es geht also um den Kampf, um den besten Platz in der Gruppe, darum, Vorteile für das eigene Kind an Land zu ziehen, indem die eigene Souveränität demonstriert wird. Wie bei allem, entscheidet auch hier die Dosis.

Was bringt die Zukunft?

»Was ist heute noch sicher?«, »Heute ist eine gute Ausbildung keine Garantie mehr, auch einen fixen Job zu bekommen!«, »Wer weiß, wie lange es den Beruf noch gibt, den mein Kind derzeit lernt. Vielleicht wird auch in diesem Bereich alles automatisiert … und dann?«, »Wer kann sich von den Gehältern überhaupt noch eine ordentliche Wohnung leisten?«, »Ich bekomme keinen Job, weil ich überqualifiziert bin!« Solche Aussprüche, die wir häufig hören, zeigen, wie groß die Unsicherheit geworden ist, mit der wir konfrontiert sind.

Die Welt ist instabiler geworden und deshalb steigt der hohe Anspruch an eine perfekte Erziehung. Denn nur wer perfekt auf das Leben vorbereitet ist, dessen Chancen für die

Zukunft sind besser. Darin besteht wohl auch eine Ursache dafür, Kinder in allen Bereichen von klein auf fördern zu wollen. Die Sorge um die materielle und gesellschaftliche Sicherheit ist deutlich spürbar. Was tun, wenn sich das eigene Kind in eine so ungewisse Zukunft entwickelt? Wer möchte in eher unruhigen Zeiten des Einsparens und »Gesundschrumpfens« nicht besonders auf die Sicherheit der eigenen Kinder achten? Deshalb ist es unkorrekt, perfektionistische Erziehungsfehler gänzlich den Eltern anzulasten!

Ein weiterer Haken an der »perfekten« Erziehung

Schon sehr bald in unserem Leben müssen wir einsehen, dass es immer jemand anderen gibt, der größer ist, schneller laufen kann oder die schöneren Locken hat, jedes Mathe-Beispiel sofort kapiert oder alle Menschen um den Finger wickelt. Kurz, wir treffen regelmäßig auf Menschen, die uns in irgendeiner Form überlegen sind. Wir haben Glück, wenn uns jemand in Bereichen übertrumpft, die uns selbst nicht wichtig sind. Wenn jemand hervorragend rückwärts buchstabieren kann, werden wir uns dies weniger zu Herzen nehmen, als wenn die beste Freundin ständig die Männer erobert, um die wir uns selbst bemüht haben oder wenn der Schulfreund einfach immer gute Noten hat, das eigene Kind aber Lernschwächen zeigt. Wir kennen doch alle dieses unbehagliche Gefühl in der Magengrube oder den Kloß im Hals, das Gefühl, das sofort mit dem »verbotenen« Attribut »Neid« verbunden wird. Neid darf nicht sein, denn das ist »böse« und man gibt sich eine Blöße. Diese wiederum bedeutet, eine Schwäche zuzugeben. Das geht gar nicht! Also versuchen wir unseren Neid zu verbergen oder verzerren die Situation mit unseren Worten so, dass wir uns ein bisschen besser fühlen: Wir machen andere auf plumpe oder diplomatische Weise schlecht oder haben die bizarrsten Erklärungen dafür, warum etwas bei uns nicht so läuft wie bei anderen, um selbst das Trugbild eigener Perfektion aufrechtzuerhalten. Funktionieren derartige Gegenmaßnahmen nicht, neigen wir zur Selbstzerstörung und sprechen von fehlendem Selbstwert. Auch aus diesem Grunde ist es nicht zu empfehlen, die eigene reale oder geglaubte Überlegenheit schrill zu demonstrieren, weil wir oder eben unser Kind massiv Sympathiepunkte einbüßen.

Je perfekter wir zu sein versuchen, desto mehr laufen wir Gefahr, auf die Nase zu fallen. Das bekannteste Beispiel finden wir beim »Vorführ«-Effekt: Wenn wir versuchen, ein Gedicht, einen Tanzschritt, Musikstück absolut perfekt vorzutragen oder mit High-Heels und Kleid besonders ansprechend vorüberzutänzeln, passieren in der Regel eher Fehler, als wenn es um nichts geht oder wir gelassen sind. Der Blick auf das, was tatsächlich wichtig ist, wird auf diese Weise leicht vernebelt, weil wir damit beschäftigt sind, was andere über uns denken könnten und wir aber den perfekten Eindruck hinterlassen wollen.

Wenn wir nun als Eltern zu verbissen versuchen, unser Kind unseren Erwartungen oder denen seiner Umgebung anzupassen, kann es passieren, dass wir die tatsächlichen Bedürfnisse unserer Kinder übersehen. Das führt womöglich dazu, dass wir hartnäckigen Widerstand des Kindes ernten, indem es tunlichst unsere Bemühungen untergräbt und beispielsweise die teuren Klavierstunden sabotiert, indem es einfach nicht übt. Auch dann nicht, wenn als Köder zu Weihnachten ein sündteures Klavier unter dem Baum steht, wofür es dann noch dankbar sein soll.

Offenbar schaut es um die Erfüllung unseres Dranges nach Perfektion nicht gerade rosig aus! Aber ist sie nach all dem Gesagten überhaupt so erstrebenswert?

Eiserne Disziplin oder grenzenlose Freiheit – über Glaubenssätze und Perfektionsfallen

Die inneren Glaubenssätze, die Sie im Rahmen der hier angeführten Perfektionsfallen vorfinden, sind nicht generell als falsch zu verdonnern. Sie alle enthalten das berühmte Körnchen Wahrheit.

Das Problem entsteht wie bei allem im Ausmaß, wie sehr diese Haltungen den Alltag bestimmen. Von Kindern zu verlangen, dass sie das WC benutzen und nicht den Blumentopf, sich bemühen, Radfahren zu lernen, die Hausübungen ordentlich zu schreiben, Regeln und Disziplin zu vermitteln, höfliches Verhalten an den Tag zu legen ist ja nicht falsch. Diese Forderungen gehören zu unserem Erziehungsauftrag, ebenso, wie sie vor Gefahren zu schützen. Dreht sich aber alles nur mehr darum, dass das Zimmer nicht aufgeräumt ist, es schon wieder zwei Punkte Abzug bei der Schularbeit gegeben hat, Kinder ohne Sicherung durch einen Gurt nicht mehr auf einen Baum klettern oder schnell laufen dürfen, hinter jeder erwachsenen Person ein potenzieller Entführer gesehen wird und das Kind seinem Alter entsprechend zu wenig selbstständig machen darf, wird es eng. Dann fungieren diese Glaubenssätze als Antreiber. Ob es sich um eine Perfektionsfalle in der Erziehung handelt oder nicht, ist aber oft erst beim genauen Hinschauen im Einzelfall ersichtlich.

Eine der Folgen von Perfektionsfallen besteht darin, dass wir bei unseren Kindern womöglich das Gegenteil erreichen, obwohl wir uns schrecklich plagen, unsere Ansichten konsequent zu vermitteln. Perfektionsfallen bedeuten immer Druck in eine bestimmte Richtung – und Druck erzeugt bekanntlich Widerstand, was noch die gesündere Variante ist. Fügt sich ein Kind beinahe willenlos in unseren Blickwinkel, ist das zwar für uns angenehm, aber wir haben Grund, genauer hinzuschauen. Ein Pubertierender, der von seinen Eltern alles widerspruchlos annimmt, gibt Grund, sich zumindest ein wenig Sorgen zu machen.

»Helikopter« im Dauereinsatz: Unsicherheit, überschätzte Gefahr, Unterschätzung der Kinder

Antreiber: »Kinder brauchen ständige Obhut und Fürsorge, damit ihnen nichts passiert.«

Bei Eltern, die so agieren, finden wir Überzeugungen, die ein Stück weit von Sorge und Misstrauen geprägt sind. Die Welt ist prinzipiell schlecht, das Leben gefährlich und andere Kinder üben womöglich einen schlechten Einfluss auf die eigenen aus.

Häufig handelt es sich um Eltern, denen es besonders schwerfällt, ihre Kinder zumutbaren Gefahren auszusetzen: Die Sorge, das Kind könnte vom Kletterturm fallen oder beim Fahren mit dem Scooter ein Schädel-Hirn-Trauma davontragen, dominiert. So sah ich neulich bei einem Spaziergang Eltern mit ihrem Sohn, der zwischen ihnen gut abgesichert und mit einem riesigen Sturzhelm auf einem dreirädrigen Roller dahinschlurfte!

Auch bei kleinen Konflikten mit Gleichaltrigen wird sofort interveniert oder es kommt nur zu wenigen Kontakten, die unbefangen und unkontrolliert verlaufen, um unerfreuliche Erlebnisse oder schlechten Einfluss zu verhindern. Es herrscht die Ansicht, der Kontakt mit anderen Kindern ziehe das eigene Kind hinunter und Erwachsene werden mit kritischem Blick unter dem immerwährenden Verdacht des schlechten Einflusses oder des Missbrauches gesehen.

Eltern folgen ihren Ängsten, haben also ihre persönlichen Gründe für ihr Verhalten und sind nicht zu beneiden. Angst vor Verlust und Schuldgefühle stehen dabei häufig im Vordergrund. Diese wiederum haben ihren Ursprung darin, dass auch die eigenen Eltern ängstlich waren, zu unbekümmert oder vielleicht stehen tatsächliche Verluste eines Kindes oder schwere Erkrankungen dahinter. Dies muss aber nicht zwingend der Fall sein. Tatsache ist, dass dieses Verhalten eine pessimistische Sichtweise transportiert, die dazu führt, die Welt negativ und verzerrt zu sehen. Erfreuliche Informationen gehen neben Meldungen über Katastrophen unter. Zusätzlich werden solche Ängste durch die herrschende Rechtslage und die befürchtete »Vernachlässigung der Aufsichtspflicht« begünstigt. Die Angst der Eltern führt oft dazu, dass sie dem Kind verschiedene Übungsfreiräume unzureichend anbieten und es sich so nicht frei entwickeln lassen. Auch werden gerne fertige Lösungen angeboten, anstatt das Kind probieren zu lassen.

Welche Folgen kann übervorsichtiges Erziehungsverhalten nach sich ziehen? Wenn Kinder es als Regel erleben, dass sie in »Gefahr« sind, kann es das Selbstbewusstsein beeinträchtigen. Kinder bekommen von sich das Bild, dass sie nicht auf sich selbst aufpassen und sich nichts zutrauen können. Tatsache ist, dass Kinder sich gerade hinsichtlich ihrer körperlichen Fähigkeiten recht gut einschätzen können und erst dann verunsichert werden oder vom Baum fallen, wenn Eltern ihnen permanent Anweisungen geben, damit sie wieder heil auf der Erde landen. Möglicherweise entwickeln Kinder dann tatsächlich keine allzu große körperliche Geschicklichkeit.

Daraus kann aber folgen, dass Kinder nicht lernen, darauf zu achten, sich nicht zu verletzen oder dass sie tatsächlich körperlich ungeschickt werden. So habe ich gehört, dass in einem Turnsaal in den Laufkurven Matten aufgelegt werden mussten, weil manche Schüler der Fliehkraft nicht standhalten konnten, sich beim Laufen quasi selbst in die Ecke schleuderten und dabei verletzten. Es gibt Kinder, die bei Geburtstagspartys am Rand stehen bleiben, weil sie sich nicht klettern oder sich im Vergnügungspark nicht trauen, mit diversen Attraktionen zu fahren. Sogar Übernachtungen bei Schulfreunden oder Schikursen werden unmöglich, weil das Kind beim leisesten Anzeichen von Heimweh abgeholt wird und sich ausgrenzt, weil dies oder das nicht gepasst hat. Leider lösen sich solche Ängste nicht von allein auf, sondern bleiben auch im Jugend- oder Erwachsenenalter bestehen. Neben diesem Gefühl, anders zu sein oder dass die Welt nicht gut genug für einen selbst ist, fördert das Gefühl von Einsamkeit.

Manche Kinder holen sich auf andere Weise ihre Freiheit, tricksen die Eltern aus und leisten auf anderen Gebieten Widerstand. Auffällig »frech sein«, »nicht folgen«, also das charakteristische »auf der Nase herumtanzen« sind oft Zeichen für zu viele, ängstlich abgesteckte Grenzen, die wegen ihrer Menge nicht konsequent eingehalten werden können. Manchmal kann auch Anstrengungsvermeidung eine Folge sein. Der »innere Schweinehund« wird zu dominant.

Wenn Sie sich in dieser Beschreibung ein bisschen wiedergefunden haben, möchte ich Ihnen folgende Tipps mit auf den Weg geben:

- Woher, glauben Sie, kommen Ihre Haltung und Glaubenssätze? In Zeitungen und Nachrichten werden meist nur die negativen Meldungen vermittelt. Es ist schon viel gewonnen, wenn Sie sich Ihrer vermehrten Sorgen und Ängste bewusst sind. Bedenken Sie, dass Ängste auch den eigenen Blickwinkel steuern: So wie Schwangere das Gefühl haben, derzeit besonders viele Schwangere auf der Straße zu sehen, passiert es bei Berichten über Unfälle, Entführungen und Erkrankungen, dass wir ihre Häufigkeit überschätzen.
- Versuchen Sie, sich über Ihre Empfindungen hinwegzusetzen und muten Sie Ihren Kindern die Bewältigung altersgerechter Gefahren zu. Es reicht schon, sie am Spielplatz frei umhertoben und klettern zu lassen, ohne sie permanent zur Vorsicht zu rufen. Kinder haben ein recht gutes Gefühl dafür, was sie körperlich schaffen und

was nicht. Hektisches »Pass auf! Du fällst runter!« belassen Sie am besten im Kopf und rufen es schlichtweg nicht. Nur so können Kinder notwendige Fertigkeiten entsprechend entwickeln und genug Sicherheit erlangen. Das führt außerdem dazu, dass Sie tatsächlich weniger Grund haben, sich Sorgen zu machen!

- Information, Verhaltensregeln und Selbstständigkeit, also Hilfe zur Selbsthilfe, sind der beste Schutz: »Was tue ich wann?« An welchen Nachbarn kann ich mich wenden, wenn Mama später heimkommt? Es ist wichtig, sich mitteilen zu können und sich fragen zu trauen. Wie telefoniere ich? Welche Orte am Schulweg bedeuten Sicherheit? Bringen Sie dem Kind spielerisch bei, wie es sich wehren kann und dass es sich wehren darf. Auf diese Weise geben Sie Ihrem Kind das nötige Werkzeug und somit Sicherheit, was Sie selbst wieder beruhigen kann.
- Achten Sie darauf, dass das Kind ausreichend Kontakte zu Gleichaltrigen hat und greifen Sie vorsichtig, aber klar ein, sofern es die Situation wirklich erfordert. Helfen Sie dem Kind, Konflikte positiv zu lösen. Zuerst aber lassen Sie es am besten selbst versuchen. Lässt sich Ihr Kind zu leicht vertreiben, dann coachen Sie es behutsam und entschärfen Sie die Konfliktsituation in der Gruppe. Machen Sie es aber durch ein zu massives und ständiges Eingreifen nicht zum Außenseiter!
- Achten Sie darauf, dass Sie Ihrem Kind altersentsprechende Anforderungen stellen, und ihm damit zu verstehen geben, dass Sie ihm etwas zutrauen. Dabei gilt es natürlich, dies nicht zu erzwingen, sondern das Kind entsprechend liebevoll zu unterstützen. Das heißt nicht, dass es sich mit jeder (!) Achterbahn fahren trauen muss, sondern dass es an den gemeinsamen Aktivitäten Gleichaltriger größtenteils mithält.

»Eiserne Disziplin und klare Konsequenz bitte!« – Widerstand oder wenig Flexibilität der Kinder

Antreiber: »Kinder brauchen Kontrolle, sonst werden keine ordentlichen Menschen aus ihnen und sie rutschen ab!«

Bei dieser grundsätzlichen Einstellung in Erziehungsfragen finden wir ähnliche Ansichten wie bei den »Helikopter«-Eltern. Allerdings steht weniger die offensichtliche Ängstlichkeit der Eltern im Vordergrund, als der Glaube an die Sicherheit durch Disziplin. Unerwünschtes Verhalten wird von Anfang an klar bestraft, damit es sich erst gar nicht entwickeln kann. Die Wertstruktur der Eltern ist klar und strikt. Kinder dürfen in diesem Fall auch nicht belasten, sondern sollen sich möglichst angepasst in die Familie einfügen. So haben Eltern ihr Kind dafür gelobt, dass es trotz hohen Fiebers mit Husten und Schnupfen allein im Zimmer lag und niemals nach ihnen rief. Es hat schon früh gelernt, nicht zu jammern und Unangenehmes als gegeben hinzunehmen.

Es ist unangefochten, was gut und was schlecht ist. Das Kind soll klar durch den Kurs des elterlichen Wertsystems durchgeführt werden. Experimente des Kindes, sich also auch über die Grenzen ein wenig hinauszulehnen, sind unerwünscht und werden strikt sanktioniert. Ein paar Minuten über die vereinbarte Zeit am Computer gespielt, bringt beispielsweise eine Woche totales Computer-Verbot. Die Geburtstagsparty des Freundes darf wegen einer Instrumental- oder Sportstunde nicht besucht werden, da absolute Disziplin gefordert wird.

Bei Eltern, die so agieren, dominieren Sorgen, Kinder könnten durch zu wenig Selbstdisziplin später erfolglos bleiben und auf die falsche Spur der Bequemlichkeit geraten. Konsequenz ist das Hauptwerkzeug in der Erziehung.

Wie können die Folgen bei den Kindern aussehen? Die Kinder fügen sich diesem Raster an Erlaubtem und Unerlaubtem und hinterfragen ihn nicht mehr. Es bleibt dann wiederum wenig Platz für Toleranz anderen Sichtweisen gegenüber. Das Muster wird schlichtweg weitergegeben und nur der Kontakt mit Menschen gepflegt, die ebenso denken, was die »Richtigkeit« dieser Sichtweisen bestätigt. Kinder können aber auch aus diesem strengen System ausbrechen und widersetzen sich dann nicht selten ebenso extrem.

Wie überall kann sich das Kind auch im Widerstand üben und ein neues Bild von der Welt schaffen. Dann entwickelt sich der Sohn vom Manager oder dem Bankdirektor womöglich zu einem alternativ lebenden Menschen, der sein Studium vielleicht abschließt oder auch nicht, aber dann lieber von seinem Bio-Garten lebt und sich einem veganen Lebensstil verschreibt.

Wenn Sie sich in dieser Beschreibung wiedergefunden haben, helfen Ihnen vielleicht die folgenden Tipps weiter:

- Welche »Beweise« für die Richtigkeit Ihrer Haltung zum Thema Disziplin haben Sie tatsächlich? Die lückenlose Kontrolle und Konsequenz in der Erziehung bedeuten strenggenommen, dass Kinder keine günstigen Bestrebungen in sich tragen und daran gehindert werden müssen, sich »naturgemäß« schlecht zu entwickeln. Kurz: Wenn es nicht kontrolliert wird, wird es sich nicht gut entwickeln. Wie jede Perfektionsfalle löst auch diese womöglich Widerstand aus. Kinder versuchen dann auf diese Weise einen Freiraum zu bekommen oder sie fügen sich unter Umständen willenlos.
- Geben Sie Ihrem Kind das Gefühl, dass Sie ihm altersentsprechend vertrauen, ohne es inhaltlich zu überfordern. Kinder wollen ihren Eltern vorab ohnehin gefallen!
- Eine vertrauensvolle Beziehung zum Kind ist die beste Voraussetzung für die Erfüllung Ihrer eigentlichen Wünsche, das Kind lebenstüchtig und glücklich zu sehen! Suchen Sie immer wieder das Gespräch, indem Sie ihm zuhören und versuchen, seine Welt zu verstehen, bevor Sie darauf behutsam reagieren. Vermeiden Sie Monologe und Moralpredigten!

- Kinder sind unterschiedlich: Wie viel Disziplin braucht Ihr Kind? Ist es ohnehin von Haus aus vorsichtig und eher zurückgezogen? Falls es eher zu den Freigeistern gehört: Disziplin und Ordnung sollen dem Kind in seinem »inneren Garten« die Grenzen aufzeigen, aber nicht seine Bewegungsfreiheit einschränken und somit seinen Willen brechen. Um später seinen eigenen Weg zu finden, muss es sich auch ausprobieren!
- Ein bildhafter Vergleich aus dem »inneren Garten« des Kindes: Der Gartenzaun muss nicht elektrisch aufgeladen oder zu einer Mauer aufgerüstet werden!

»Grenzenlose Freiheit«: Tyrannenkinder oder Verwirrung

Antreiber: »Kinder brauchen Freiheit! Grenzen bremsen die Entwicklung.«

Wer seinen Erziehungsstil so ansetzt, der glaubt an die perfekte Anlage des Menschen oder empfindet Regeln zumindest als Einschränkung. »Das Kind selbst weiß, was es braucht.« Ich muss mich meinem Kind vollständig anpassen.

Gehen wir davon aus, dass Kinder natürlich über ein gewisses angeborenes Grundverhalten verfügen, das ihnen zur Selbsterhaltung dienen soll. Es hat aber offenbar seinen Sinn, dass Menschenkinder Eltern haben, die von der Natur aus extrem lange für die »Brutpflege« zuständig sind. Anders als Schildkrötenbabys, die nach dem Schlüpfen »kleine Erwachsene« sind und sich völlig allein durchschlagen, braucht der Mensch die schützende Hand der Eltern. Wenn also Kinder »alles schon wüssten«, hätten wir Eltern nicht alle Hände voll zu tun, unsere Nachkommen ins Erwachsenenalter zu begleiten. Das Gehirn des Menschen ist wenig vorprogrammiert und hat somit viele Möglichkeiten, sich zu entwickeln. Wenn wir also einen »natürlichen« Zugang zur Entwicklung von Kindern haben wollen, sollten wir uns die tatsächliche »Natur« des Homo sapiens sapiens ansehen und diese nicht ignorieren.

Eltern mit dieser Überzeugung neigen dazu, Kindern manch ungerechtfertigte Entscheidungskompetenz zu übertragen. Kinder lernen dann lediglich, dass sie sich aus einer Laune heraus alles richten können und nur die eigenen Entscheidungen wichtig sind. Wenn ein vierjähriges Kind mehr oder weniger lautstark entscheidet, ob und wann in welchem Geschäft eingekauft wird, ein WC nur daheim benutzt oder nur dann, wenn das Toilettenpapier rosa ist oder sogar den Sommerurlaub festlegt, wird es für die Eltern eng. Höfliches Verhalten wie zu grüßen oder danke zu sagen muss nicht sein, wenn das Kind keine Lust darauf hat, Konflikte mit Gleichaltrigen löst es nach Gutdünken. Es entscheidet selbst, was es lernt und was nicht, wenn es keine Lust mehr hat, hört es auf und es ist okay. Wenn ihm ein Geschenk nicht gefällt, dann darf es das ohne Weiteres verärgert der Oma zurückwerfen, da es ja ehrlich sagt, was es nicht will. Es teilt die Eltern ordentlich ein und bestimmt, was zu geschehen hat und was nicht. Sonst gibt es ein Drama! Eltern werden auch zurechtgewiesen, wenn es sein muss, sogar in der Öffentlichkeit.

Oder das Kind fühlt sich von der Grenzenlosigkeit überfordert und zieht sich ängstlich zurück, da ihm der Orientierungsrahmen fehlt. Manche Kinder fühlen sich demzufolge überflüssig, unwichtig und vernachlässigt. Je nach Persönlichkeit der Eltern und Temperament des Kindes kann also Grenzenlosigkeit in der Erziehung unterschiedlich aussehen.

Betroffene Kinder genießen später in der Regel kaum Vorteile. Auch wenn sie daheim keine kleinen Aufgaben übernehmen müssen, wie beispielsweise die Schmutzwäsche in den dafür vorgesehenen Korb zu werfen, den Mistkübel zu leeren oder den Tisch zu decken, tun wir ihnen nichts Gutes. Neben dem, dass wir als Eltern unnötigen zusätzlichen Stress haben, müssen die Kinder erst außerhalb des Elternhauses lernen, dass nicht alles nach ihrem Kopf gehen kann und sie auch Unangenehmes zu bewältigen und zu erledigen haben. Es birgt die Gefahr, aus dem eigenen Kind einen »Anstrengungs- und Leistungsverweigerer« zu machen, es wird sich schwertun, eine Ausbildung oder einen Job durchzuhalten. Der »innere Schweinehund« nimmt zu große Dimensionen an und behindert Menschen dann ein Leben lang, weil sie Schwierigkeiten mit der Selbstdisziplin haben.

Sollte das Beschriebene auf Sie zutreffen, gibt es folgende Möglichkeiten:

- Treten Sie innerlich einen Schritt zurück und betrachten Sie Ihre Ansichten mit einem gewissen Abstand. Woher kommt Ihre Haltung?
- Kinder brauchen liebevollen Halt und Orientierung, wobei wir als Eltern die Rolle übernehmen, ihnen dabei zu helfen.
- Es gibt Menschen, die sich trotz fehlender Grenzen gut entwickeln. Jedoch sind diese nicht die Regel, weshalb wir uns nicht darauf verlassen sollen, dass unsere Kinder ohne Hilfe den Weg beschreiten können, der nachhaltig für sie gut ist.

Eltern als Experten – wir müssen von Anfang an auf jede Frage die perfekte Antwort kennen!

Antreiber: »Nur perfekt geschulte Eltern sind gute Eltern!«

In diesem Fall haben Eltern den Anspruch, von vornherein sämtliche Kenntnisse für die Erziehung ihrer Kinder zu haben. Unter besonderem Druck, der nicht selten auch von außen geschürt wird, stehen dabei Eltern, die im weitesten Sinne »vom Fach sind«. Kindergartenpädagoginnen, Lehrer, Pädagoginnen, Psychologen und Psychotherapeuten, unterstellt man eine gewisse Immunität gegenüber Erziehungsproblemen. Aber natürlich betrifft es nicht nur Eltern mit einschlägiger Ausbildung, sondern auch andere laufen Gefahr, sich selbst unter Druck zu setzen. Es gibt wieder verschiedene Spielarten, die je nach Kind entsprechend ausfallen können. Eltern, die von sich verlangen, über ihre Kinder schon alles wissen zu müssen, laufen Gefahr, diese erst gar nicht zu fragen, ob und was sie überhaupt wollen oder brauchen. Die Enttäuschung ist dann groß, wenn die Eisenbahn kein Jubelkonzert beim Sohn auslöst, obwohl Papa meint, dass jeder Junge eine Eisenbahn will und deshalb eine haben sollte. Das Kind bekommt »Gummibärchen«, weil jedes Kind sie will – das eigene aber nicht. Viele dieser Eltern übertreiben es zudem mit der Frühförderung und der Beschäftigung mit den neuesten der neuen Erkenntnisse.

Für Eltern dieser Gruppe gibt es folgende Hilfestellung:

- Informationen sind gut und wichtig, ersetzen aber nicht das Hinhören beim eigenen Kind. Es besteht die Gefahr, an den Bedürfnissen des Kindes »vorbei zu erziehen«, neben dem, dass es nicht realistisch ist, von vornherein über das Kind alles zu wissen.
- Auch wenn es klare Grundbedürfnisse dafür gibt, was Kinder brauchen, bleiben doch viele Wünsche und Eigenheiten von Kindern sehr individuell. Die Grundbedürfnisse selbst sind ein Orientierungsrahmen, in dem es unterschiedliche Möglichkeiten gibt, diese zu erfüllen. Gehen Sie davon aus, dass Sie mit der Aufgabe wachsen und mit jedem Tag dazulernen werden – auch dann, sollten Sie »vom Fach« sein! Versuchen Sie, gemeinsam mit Ihrem Kind herauszufinden, was es jetzt gerade tatsächlich braucht!
- Alles immer schon vorher perfekt zu wissen, birgt die Gefahr von Pauschalurteilen und Schubladisierungen, also einer Vorurteilsbildung dem eigenen Kind gegenüber.

- Genießen Sie die Gelegenheit, mit Ihren Kindern ausgelassen sein zu dürfen, indem Sie mit ihnen spielen, toben oder bunte Geschichten erfinden! Kinder brauchen uns als authentische Bezugspersonen und nicht als wandelnde Erziehungsbücher!

»Leistung ist alles – ein zweiter Platz unzureichend«

Antreiber: »Nur wenn mein Kind die beste Leistung bringt, wird später etwas aus ihm!«

»Mit durchschnittlichen Leistungen geht man in der Gesellschaft unter«, »Wir wollen stolz sein auf unser Kind«, »Prestige ist besonders wichtig«, »Unser Kind soll sich von anderen abheben und vielleicht sogar berühmt werden«. Sind unsere Kinder besonders tüchtig, sind wir besonders gute Eltern. Sind die Kinder schlecht in der Schule etc. ist es uns peinlich, weil wir dann schlechte Eltern sind. Fehler dürfen nicht sein!

Eltern, die im »Leistungsschema« unterwegs sind, verraten sich oft dahingehend, dass sie dazu neigen, ungefragt von den hervorragenden Leistungen ihrer Kinder zu berichten. Solche Gespräche wirken manchmal wie die Herausforderung zu einem Duell mit dem Thema: »Mein Kind hat in Mathe immer eine Eins«, »Mein Kind macht dies und das – und dein Kind?« ...interessiert mich eigentlich nicht!

Die Folgen dieser Perfektionsfallen können sich unterschiedlich äußern, setzen Kinder aber immer unter Druck: Kinder können dem Wunsch der Eltern tatsächlich entsprechen und gute Geschäftsleute, Juristinnen oder Ärzte werden. Schaffen sie es, bleibt jedoch der Druck bestehen, diese Ansprüche weiterhin zu erfüllen. Für Geschwister gibt es dann das »Vorbild«, dem nachzueifern ist. Sie können es oder auch nicht und werden womöglich zu den »schwarzen Schafen« der Familie. Kinder können auch unter dem Druck zerbrechen, indem sie sich nie von den Eltern ablösen oder sie ergreifen Berufe, für die sie überqualifiziert sind. Was aber zählt tatsächlich für die Lebenstüchtigkeit unserer Kinder? Was hilft es unseren Kindern, wenn sie nichts anderes kennen als »Sehr gut«? Wenn ein zweiter Platz beim Wettbewerb nichts zählt? Die Lebensschule kennt weder Noten noch Medaillen! Neben einer gesunden Haltung Leistung gegenüber zählt vor allem auch, nach einem Misserfolg wieder aufzustehen und daraus zu lernen. Die Erfahrung, mit unerfreulichen Ereignissen wie Rückschlägen und Enttäuschungen umgehen zu können, verstärkt die psychische Widerstandsfähigkeit. Die Voraussetzung dafür besteht allerdings darin, dass solche Lernprozesse im Schutz einer liebevollen Geborgenheit stattfinden können.

Auch Krisen sind nicht von Haus aus Katastrophen, sondern ein klares Zeichen dafür, dass der bisherige Kurs hinterfragt werden sollte. Vielleicht wäre eine Veränderung angebracht? Bei Leistungseinbrüchen in der Schule sollten sich Eltern verschiedene Fragen stellen: Stimmt die Lerntechnik? Gibt es Probleme in der Klassengemeinschaft? Gibt es Probleme in der Lehrer-Schüler-Beziehung? Ist die Schule tatsächlich die richtige?

Wie bereits im Rahmen der »psychischen Grundbedürfnisse« erklärt, passiert es nur allzu leicht, dass sich Kinder nur dann geliebt fühlen, wenn sie ausgezeichnete Leistungen bringen. Eltern beabsichtigen das wahrscheinlich gar nicht, sondern der Leistungsdruck dient dazu, das Beste für die Kinder zu wollen. Wir dürfen nicht vergessen, dass Kinder ihren Eltern prinzipiell gefallen wollen. Sie strengen sich für Eltern und Lehrer an, um Anerkennung und Liebe zu bekommen.

Was die überstarke Leistungsorientierung anbelangt, kommt hinzu, dass es körperlichen Stress bedeutet, immer die beste Leistung bringen zu müssen. Dieser Stress begleitet die Kinder auch in die Freizeit, wo kein bewegungsmäßiger

Ausgleich, sondern wieder Leistungssport auf unterschiedlichen Ebenen folgt.

Wenn wir die Problematik der Gesellschaft diesbezüglich betrachten, wissen wir, dass etwa jeder Sechste unter Schlafstörungen leidet, was bedeutet, dass zu viele Stresshormone im Blut sind. Es gibt keine Regeneration, sondern in der Freizeit wiederum Stress, um Top-Leistungen zu erbringen. Genau darin besteht aber die Gefahr in der zu leistungsorientierten Erziehung unserer Kinder, dass wir ihnen von Anfang an suggerieren, dass es niemals Ruhe und Entspannung geben darf und dass alles, was sie tun, besser und konsequent sein muss, um im Endeffekt anderen überlegen zu sein.

Wenn Sie zu diesem Erziehungsstil neigen, dann überprüfen Sie, was Sie verbessern können:

- Nehmen Sie Druck heraus und hinterfragen Sie Ihre Ansichten zum Thema Leistung. Woher kommt Ihre extreme Haltung?
- Kinder wollen ihren Eltern prinzipiell gefallen und wollen sie nicht enttäuschen und koppeln rasch ihre Leistung an unsere Liebe. Vermeiden Sie solche Missverständnisse, indem Sie Ihre Zuneigung klar von der Leistung (z.B. Schulnoten) trennen. Stärken Sie Ihr Kind bei »Misserfolgen« mit Ihrer Zuneigung, suchen Sie gemeinsam nach Verbesserungsmöglichkeiten und loben Sie es für die Dinge, die es dennoch gut kann. Damit ist nicht das Kind selbst »schlecht«, sondern es gibt ein Problem zu lösen. Entschärfen Sie die Bedeutung von Schulnoten oder anderen Wettbewerbsergebnissen!
- Nützen Sie »Misserfolge« des Kindes, um es für die Anforderungen des Lebens robuster zu machen. Ich erlebe immer wieder, wie schnell erfolgsverwöhnte Menschen an karrierebezogenen Enttäuschungen in eine Krise fallen. Immer nur ein »Sehr gut« zu haben bedeutet, es nie

gelernt zu haben, auch mit einem Platz zwei klarzukommen oder auch einmal nicht ausgewählt zu werden.

- Der echte, leistungsfreie Spaßfaktor soll einen sicheren und ausreichenden Platz im Alltag Ihres Kindes haben.

Kinder brauchen Eltern, die mit ihrem eigenen Anspruch nach Perfektion »gut genug« umgehen können und deshalb über ein ausreichendes Selbstwertgefühl verfügen, das ihnen erlaubt, mit den eigenen Fehlern und »Niederlagen« offen und produktiv umzugehen, ohne andere oder sich selbst anzufeinden.

»Als ›Nur-Hausfrau‹ in der Karenz bin ich nichts wert! Nur wenn ich bald und viel arbeite, habe ich Achtung vor mir und werde von anderen geachtet.«

Antreiber: »Anerkennung bekommt man nur durch Leistung! Wahrscheinliche Folge: Kinder werden auf Leistung geprägt.«

Da die Einstellung zur Mutterschaft leider nach wie vor zwiespältig ist und Karenz von vielen als notwendiges Übel angesehen wird, katapultieren sich leistungsorientierte Mütter kopfüber in die Mehrfachbelastung. Die Ursache liegt meist darin, dass der Selbstwert der betroffenen Frauen ausschließlich über die berufliche Leistung erfolgt. Aber auch im Beruf liegt die Latte sehr hoch, weshalb die Zufriedenheit mit dem eigenen Erfolg nicht so ohne weiteres gegeben ist. Deshalb ist jede zusätzliche Aufgabe hinderlich. Der Selbstanspruch geht dann so weit, dass die Kindererziehung ohne jeglichen Aufwand und Anstrengung gelingen sollte. Auch der Bereich Kinder, Familie und Haushalt laufen unter dem persönlichen Leistungsschema, weshalb Betroffene von sich verlangen, alles mit links zu schaffen. Die Entwertung der eigenen Leistung passiert schnell und so vergleichen sich

Mütter gerne mit anderen, die mehrere Kinder haben und scheinbar ihre Sache besser bewältigen als sie selbst.

Oft ungewollt werden bei dieser Haltung die verantwortungsvolle Aufgabe der Kindererziehung und somit auch das Kind in seiner Bedeutung in Wirklichkeit abgewertet, was nicht heißt, dass das Kind nicht geliebt wird. Die Gefahr besteht jedoch darin, dass das Kind auf die Leistungsorientiertheit der Eltern geprägt wird. Wieder die Gefahr einer »Leistungs-Liebe-Koppelung«!

Tipps, falls Sie sich hier wiedergefunden haben:

- Stellen Sie sich die Frage, weshalb Sie glauben, warum Sie so viel von sich verlangen!
- Welche Beweise haben Sie, dass es keine Leistung ist, ein Baby zu haben oder Kinder zu erziehen?
- Sollten Sie dennoch das Gefühl nicht mildern können, als Mutter zu wenig zu leisten, führen Sie sich vor Augen, dass auch die Zeit mit den Kindern, die besonders viel abverlangt, vorbeigeht. Mit etwa achtzehn Monaten kann ein Kind im Allgemeinen in eine gute Kinderkrippe integriert werden. Dies sind aber Richtwerte, die sich nicht auf alle Kinder und Situationen übertragen lassen. Versuchen Sie, nicht von Vornherein auszuschließen, im Laufe der Zeit auch leistungsmäßig in der Kindererziehung Erfüllung zu finden und glücklich zu werden. Alles braucht seine Zeit.
- Sollten die beiden zuletzt genannten Punkte für Sie keine Option darstellen, suchen Sie nach Lösungen, denen Sie Ihrem Beruf entsprechend bald nachgehen können: dazu zählt die Vaterkarenz oder das Hinzuziehen anderer naher Vertrauenspersonen in die Versorgung und Erziehung des Kindes. Dafür sprechen zwei Gründe: Einerseits ist eine berufstätige, zufriedene Mutter für das Kind besser als eine permanent anwesende, unzufriedene Mutter. Andererseits muss nicht die Mutter die primäre Bezugsperson sein, sondern es ist wichtig, dass das

Kind einen Menschen hat, zu dem es eine stabile, warmherzige Beziehung hat.

»Fertig statt fit«! – unsere Kinder im Sog des gesellschaftlichen Druckes

In der Öffentlichkeit sind Begriffe wie »Burnout« und »depressive Reaktionen« längst kein Tabu mehr. Dokumentationen, Artikel und Bücher über Burnout, überschwemmen den Markt, Rehabilitationskliniken für Betroffene schießen wie Pilze aus dem Boden, die Warteschlangen bei Psychiatern und Psychotherapeuten sind lang. Der Anstieg des Konsums von Antidepressiva wird in der Öffentlichkeit immer wieder kolportiert. Dennoch sitzt der Druck in der Gesellschaft fest und erfasst somit auch unsere Familien. Aussagen wie folgende sind an der Tagesordnung: »Es ist alles so stressig, es gibt keine sicheren Jobs mehr, überall wird eingespart, wo führt das alles noch hin?« »So viele haben Depressionen, sogar unser Nachbar, unsere Lehrerin war lange wegen Burnout im Krankenstand, dabei ist sie eine, die sich so bemüht hat. Wahrscheinlich wurde ihr alles zu viel!« »Schon arg, was heutzutage alles verlangt wird ... in der Schule, in der Ausbildung, im Job.« Und wie trifft das unsere Kinder? Sie müssen mit, um in all diesen gesellschaftlichen Anforderungen nicht unterzugehen! Möglichst viel, möglichst oft, möglichst anspruchsvoll sollen Schule, Hobbys und Zusatzausbildungen sein. Eine »normale« Entwicklung ist nicht gut genug, es muss schon etwas Besonderes sein! So hat sich bereits der Begriff des »Förderwahns« ergeben. Kinder sollen für das Leben in dieser Gesellschaft »fitgemacht« werden.

Natürlich ist zu unterscheiden: Nicht jedes talentierte Kind, das mehrere Aktivitäten ausübt, ist Opfer des Förderwahns. Kinder, die ihren Interessen freiwillig und sehr gern nachgehen, profitieren in der Regel davon. Leider ist das nicht immer so, und Kinder gehen eben zum Ballett, weil die Freundin geht oder quälen sich durch die Instrumentalstunden, weil sie teuer sind und eben bezahlt wurden und es prinzipiell ja positiv und für die Schule nützlich sein soll, ein Instrument zu spielen. Außerdem soll das, was bisher erlernt wurde, nicht umsonst gewesen sein. Die Haltung »Was man beginnt, muss man auch zu Ende führen« wird leider manchmal allzu strikt und nicht maßgeschneidert realisiert. Dazu kommt die Forderung nach ausgezeichneten Leistungen: von der Schule und womöglich auch noch von den Eltern.

Sie werden jetzt vielleicht der Ansicht sein, dass diese Haltungen ja nicht prinzipiell falsch seien. Dahingehend stimme ich auch zu, aber eben nur bedingt: Denn es stellt sich nicht die Frage nach guter Förderung, von der das Kind profitiert, sondern von der Haltung, dass nie etwas gut genug ist. Die Latte liegt so hoch, dass sie nur durch vermehrte Anstrengung erreicht werden kann. Hat sie das Kind erreicht, ist es selbstverständlich und somit Standard. Wie soll ein Kind dann zur Ruhe kommen? Wie soll es Kraft tanken? Ein kleines Beispiel aus einem kurzen Dialog mit einer Mutter: Wir standen in einer Warteschlange, um dem Leiter dieses Kurses schöne Ferien zu wünschen und mit ihm ein paar Worte zu wechseln. Ich begann einen Smalltalk, indem ich zu einer danebenstehenden Mutter meinte: »Auch schön, dass jetzt die Ferien kommen!« Sie entgegnete: »Na ja, wir haben ja keine Probleme, uns stört die Schule nicht.« Ich darauf: »Probleme? Nein, die haben wir auch nicht, aber ein bisschen mehr Freiraum in den Ferien ist ja schon ganz fein, oder?«, »Na ja, da suchen wir uns eben etwas anderes«, entgegnete sie mir mit einem souverän anmutenden Lächeln. Ich führte das Gespräch nicht weiter, da es mir wie ein aufkeimender Konkurrenzkampf vorkam, den ich schlichtweg nicht führen wollte.

Manche Eltern schicken ihre Kinder wie kleine Stars zu

diversen Castings, nehmen viel auf sich, um es zu öffentlichen Auftritten, Wettbewerben oder Fotoshootings zu bringen. All das kann eine wundervolle Herausforderung für Kinder sein, solange es beim Spaß bleibt, dem Talent gerecht wird und nicht zum Erfolgsdruck wird, den die Kinder für die Eltern austragen müssen. Kinder lernen nur allzu leicht, dass sie Besonderes leisten müssen, um liebenswert zu sein.

Aber auch der Druck in der vierten Klasse Volksschule ist enorm, da das Zeugnis darüber entscheidet, ob das Kind das Gymnasium besuchen kann oder nicht. Dabei entsteht der Druck von elterlicher Seite her, da meist das Gymnasium das erstrebte Ziel darstellt, die Mittelschule aber als Versagen empfunden wird. Viele hoffen darauf, dass dem Kind entwicklungsbedingt im Gymnasium »doch der Knopf aufgeht«. Meist bedeutet diese Haltung jedoch Leid für die Kinder und ihre Eltern.

Leider wissen wir heutzutage bereits von Kindern mit Überlastungsreaktionen, die sich beispielsweise in Form von Ängsten, Schlafstörungen, Kopfschmerzen und anderen Stresssymptomen äußern. Bevor an der eigentlichen Ursache für diese Erscheinungen angesetzt wird, greifen Eltern manchmal lieber zu Beruhigungstropfen, Globuli oder anderen »alternativen« Angeboten, um sich aufdrängende Symptome zu lindern. Auch wenn die Wirksamkeit verschiedener Mittel oder Methoden nicht immer nachgewiesen werden kann, lernt das Kind sehr früh, dass es beispielsweise etwas schlucken oder zu einer Behandlung muss, damit sein Zustand besser wird, anstatt an der Ursache etwas zu verändern. Aushalten, statt den Kurs zu wechseln ist die Devise!

Gute Förderung und Förderwahn – eine Gratwanderung

Das menschliche Gehirn ist extrem lernbereit. Das Gehirn entwickelt sich so, wie wir es gebrauchen. Das bedeutet, dass die Aktivitäten, die wir üben, verstärkt in unseren Nervenverbindungen repräsentiert und eingeprägt werden. Verbindungen, die wir nicht nutzen, verkümmern mit der Zeit und werden von anderen überlagert. Im Laufe der kindlichen Entwicklung kommt es zu Spezialisierungen durch die Aktivitäten, denen die Kinder nachgehen. Eine solche Schwerpunktbildung entsteht bereits durch den Schuleintritt und der dort vermittelten Inhalte und Fertigkeiten. Nicht immer ist es so, dass in der Schule die Talente, die Kinder vorher gezeigt haben, gefragt sind oder es bleibt beim besten Willen einfach kein Platz für die entsprechende Förderung.

Wie Genetiker Marcus Hengstschläger in seinem Buch »Die Durchschnittsfalle« kritisch anmerkt, werden Kinder dahingehend gefördert, dass sie in schwächeren Fächern bessere Leistungen bringen können. Ihre Stärken jedoch erhalten in der Regel keine besondere Förderung und bleiben somit sich selbst überlassen, mit dem Risiko, dass sie verkümmern. Wohl aus diesem Grund versuchen viele Eltern, ihren Kindern ein möglichst breites Förderangebot zu gewährleisten, um zumindest vermutete Talente zur Entfaltung zu bringen. Zusätzliche sportliche oder kreative Kurse in der Freizeit oder Freifächer sollen als Ausgleich für den sonst kopflastigen Schulalltag dienen. So gesellen sich zum ohnedies schon fordernden Unterricht Aktivitäten wie Klettern, Ballett, Karate, Kinderyoga, Tanz, Schauspiel, Chorsingen. Auch Musikunterricht erfordert Zeit zum Üben. Die Freizeit, in der Kinder einfach für sich sind oder sich ungezwungen mit Freunden treffen, wird so reduziert. Eltern sind nicht selten Kritik ausgesetzt, dass sie ihre Kinder überfordern und sie nicht »Kind sein« lassen. Geht das Kind jedoch keinem zusätzlichen Interesse nach, ist es ebenfalls nicht recht. Selbstverständlich macht auch hier die Dosis das Gift! Außerdem hängt diese reichhaltige Förderung vom Motiv und dem Feingefühl der Eltern ab: Dient sie primär der Erfüllung eigener ehrgeiziger Ziele, für die das Kind herhalten muss oder wird dabei feinfühlig auf die Bedürfnisse des Kindes eingegangen? Voraussetzung ist, dass das Kind von sich aus diese Aktivität wünscht, Freude dabei empfindet und dass es nicht auf Leistung gedrillt wird. Solange auch genug Freiraum bleibt, können Sie als Eltern prinzipiell beruhigt »grünes Licht« für diese Aktivitäten geben. Die Option, mit einer Aktivität aufhören zu können, wenn es sich beispielsweise mit den Anforderungen der Schule nicht mehr verträgt, sollte gegeben sein.

Der bekannte Hirnforscher Gerald Hüther setzt sich für ein zwangloses Alltags-Umfeld für Kinder ein. Sie sollen aus sich heraus all die Fähigkeiten und Fertigkeiten, vor allem den Umgang miteinander, entwickeln können. Natürlich wäre dieser Zugang der beste! Aber leider sind die Wohnsituationen selten ideal und die Gemeinschaft in einem Ort so organisiert, dass sich Kinder wie Eltern zwanglos außerhalb der eigenen vier Wände oder des Gartens spontan treffen und Gemeinschaft in diesem Sinne gelebt werden kann. Das Spielen auf der Straße, im Hof oder in nahegelegenen, geeigneten Arealen gibt es nicht für alle. Oft ist es nicht einmal so, dass Kinder, die in der Nachbarschaft wohnen, tatsächlich bekannt sind, da man sie nie sieht. Gemeinsame Spielzeiten erfolgen deshalb selten spontan, sondern müssen oft mühsam über die Eltern vereinbart und ermöglicht werden. Diverse Kinder- und Jugendgruppen wie Pfadfinder etc. sind nicht immer vor Ort und nicht jedermanns Sache. Somit sind Eltern oft beinahe gezwungen, Gruppen- und sonstige Angebote sowie Aktivitäten in der Nähe in Anspruch zu nehmen.

Die Freizeit wird knapper, manchmal tatsächlich zu knapp! Oder können nicht gerade diese Aktivitäten Freizeit sein? Darauf zu achten, liegt in unserer Verantwortung! Auch lernen Kinder, sich in der Öffentlichkeit zu präsentieren und tun etwas gegen unproduktive Langeweile, zu langes Computerspielen und dem immer wieder zitierten Bewegungsmangel.

Als Gegengewicht muss es unbedingt »Freizeit« im wahrsten Sinne des Wortes geben. Es ist schön, Kindern zuzusehen, wenn sie entspannt auf einer Gitarre spielen, Blumen pflücken, sich mit Haustieren abgeben, mit Freunden ein Computerspiel ausgelassen genießen oder einfach einmal völlig »unproduktiv« sein können, ohne die Zeit gelangweilt totzuschlagen.

Ob es sich also um Förderwahn und somit um eine Perfektionsfalle handelt, kann nicht pauschal beurteilt werden. Hier gilt es, die eigenen Motive und die Vorlieben und Neigungen des eigenen Kindes einfühlsam zu hinterfragen – immer wieder!

Eine andere Seite der Perfektionsfalle betrifft die Eltern selbst, die sich aufopfern, um dem Kind all die wunderbaren Möglichkeiten zu bieten. Das Kind sitzt vielleicht entspannt im Auto oder im Bus, spielt am Handy oder schleckt ein Eis, während die Eltern den Stress haben, das Kind pünktlich zum Termin zu bringen, auf den sich das Kind aber sehr freut. Dies kann für Eltern massive logistische und finanzielle Herausforderungen darstellen, da sie alles mit ihren eigenen Verpflichtungen und ihrem Berufsleben koordinieren müssen und nicht selten eigene Bedürfnisse über Gebühr hintanstellen.

Deshalb ist es empfehlenswert, wenn auch wir Eltern uns immer wieder fragen, inwieweit das Ausmaß der Förderung unserer Kinder mit unseren Wünschen und unserem Kräftehaushalt in Einklang zu bringen ist. Sicher, Kinder stehen unbedingt an erster Stelle, aber dort können sie nur bleiben, wenn wir tatsächlich hinter dem stehen, was wir für unsere Kinder tun, ohne unsere Hilfsbereitschaft an allzu großartige Bedingungen wie zu ausgeprägte Dankbarkeit zu knüpfen. Sonst laufen wir Gefahr, dass wir unseren Kindern später Vorhaltungen machen, dass wir alles für sie getan haben, sie aber diese Chancen geringgeschätzt oder schlichtweg vertan haben.

Fragen wir uns deshalb, was wir von unseren Kindern erwarten. Seien wir schonungslos ehrlich zu uns selbst und bleiben wir auf dem Boden der Realität! Schauspielkurse machen noch keinen Burgschauspieler oder Hollywoodstar, das süße Mädchen mit der Violine wird trotz Talents wahrscheinlich nicht bei den Wiener Philharmonikern landen. Nicht, weil es das vielleicht nicht könnte, sondern weil sich andere Perspektiven auftun. Außerdem sollten wir uns fragen, ob wir unseren Kindern tatsächlich wünschen, prominent zu sein oder ob das Schauspieler-Dasein so erstrebenswert ist? Auftritte in Film, Fernsehen oder Theater machen nicht automatisch glücklicher. Wir sollten uns also auch damit anfreunden, dass all unsere Bemühungen, um das Kind zu fördern, zumindest hinsichtlich unserer Erwartungen im Sand verlaufen könnten. Was sie unseren Kindern aber vielleicht auf andere Weise gebracht haben, können wir nicht wissen. Alles, was wir tun oder nicht tun, bewirkt oft mehr, als wir denken – nur eben anders!

Es liegt an uns Eltern, den Moment zu erkennen, wo der eigene Ehrgeiz über das Kind läuft und wir beginnen, Druck zu machen. Wonach können wir uns richten, um gute Förderung von Förderwahn zu unterscheiden?

- Überprüfen Sie regelmäßig Ihren eigenen Ehrgeiz: Inwieweit erfüllt Ihr Kind in seinen Aktivitäten Ihre eigenen Sehnsüchte?
- Bieten Sie dem Kind vorerst unterschiedliche Möglichkeiten von Aktivitäten an, um es diese ausprobieren zu lassen. Achten Sie aber auf den Zeitpunkt, zu dem die Aktivitäten zur Last werden, da sie den Neuheits-Effekt

verloren haben und das Verhältnis von Motivation und Aufwand nicht mehr passen. Unterscheiden Sie zwischen freizeitmäßigem Ausgleich und der gezielten Förderung von Talenten.

- Eine Vertiefung und ein »Mehr« an Förderung sollten nur erfolgen, wenn tatsächlich nachweislich Talent vorliegt. Versuchen Sie herauszufinden, ob und wo besondere Talente vorhanden sind.
- Sollten ein oder mehrere Talente vorhanden sein, stimmen Sie sich mit dem Kind ab, lassen Sie es probieren und planen Sie mit dem Kind gemeinsam und sorgfältig.
- Sprechen Sie mit Ihrem Kind über die etwaigen Begleiterscheinungen wie Mehraufwand und Verzicht im Falle einer Förderung, da sie dies naturgemäß nicht einschätzen können, aber natürlich auch über die Vorteile. Besprechen Sie offen und klar die möglichen Ziele dieser Förderung.
- Achten Sie bei Ihrem Kind auf »echte« Motivation, die aus ihm selbst kommt!
- Geben Sie Ihrem Kind die klare Möglichkeit aufhören zu können, auch wenn dies vielleicht nicht von einem Tag auf den anderen passieren soll oder kann. Aus einem fahrenden Zug kann man bekanntlich nicht einfach aussteigen.
- Unterstützen Sie das Kind bei einer realistischen Zeitplanung und achten Sie auf die Kraftressourcen des Kindes.
- Die Förderung im Kreativbereich ist prinzipiell ein wichtiger Ausgleich zur kopfbetonten Schule. Kreativität kann aber nur zufriedenstellend gefördert werden, wenn auch »Leer-Zeit« übrigbleibt, die das Kind selbst gestalten kann, da es ja sonst nur die Kreativität der Freizeitlehrer nützt. Musik entsteht bekanntlich durch die Pausen zwischen den Noten!

Autonomie: sich aus dem »Nest« trauen ...

Wie entwickeln Kinder ihr Potenzial?

Eine vertrauensvolle, offene und warmherzige Beziehung gibt dem Kind den Boden unter den Füßen, den es braucht, um sich ein Stück weiter aus dem »Nest« hinauszuwagen. Es braucht die Sicherheit, im Falle des Falles von seinen Eltern »aufgefangen« zu werden.

Jedes Kind trägt neben dem Bedürfnis nach Schutz und Zugehörigkeit einen ausgeprägten Wunsch in sich, »groß und stark« und somit selbstbestimmt und unabhängig zu werden.

Der Mensch genießt den Luxus eines kaum »vorprogrammierten« Gehirns. Das bedeutet, dass der Mensch sein Gehirn durch Lernen, also durch die Art, wie er es nutzt, formen kann. Wir können unseren Kindern deshalb entsprechende Erfahrungen zukommen lassen. Dabei lassen sich zwei Hauptstrategien unterscheiden: das »Lernen am Modell« und das kreative Problemlösen durch »Versuch und Irrtum«.

Wir lernen von anderen – Lernen am Modell

Unsere Fähigkeit, andere zu beobachten, ermöglicht es uns auf das bereits erworbene Wissen anderer zuzugreifen. So, wie auch das Rad nicht immer wieder neu erfunden werden muss, können wir unseren Kindern eine Reihe von Fertigkeiten und Erfahrungen weitergeben. Kinder ahmen uns nach und bei komplizierteren Fertigkeiten ist es deshalb oft unverzichtbar, ein Modell zum Abschauen zu haben. Aber auch die einfache Alltagsroutine ahmen unsere Kinder schlichtweg nach. Diese Nachahmung birgt die Möglichkeit, es sogar ein wenig besser zu machen. Das nennen wir dann Fortschritt.

Das menschliche Gehirn ist darauf spezialisiert, zu lernen. Deshalb sind Kinder besonders neugierig und interessiert, da sie sich intuitiv mit der Funktionsweise ihrer Umwelt auseinandersetzen wollen, um selbstständig zu werden. Diese Neugier gilt es, in der Erziehung zu nützen, anstatt sie mit perfektionistischem Druck und Angst zu erschlagen. Angefangen mit der richtigen Benützung eines Löffels, dem Binden einer Schleife trotz der Zeit des Klettverschlusses, über das Telefonieren, selbst einkaufen zu können, mit öffentlichen Verkehrsmitteln oder mit einem PKW zu fahren bis hin zur Berufsausbildung gibt es ein weites Feld des Nachahmens und Verbesserns.

Passt die Beziehung, werden unsere Kinder leichter etwas von uns annehmen. Im Jugendalter überprüfen Kinder jedoch kritischer die Nachahmungswürdigkeit unserer Handlungen – und das ist gut so! Die Förderung der Autonomie ändert sich im Laufe des Lebens, da Kinder aufgrund der bereits erreichten Selbstständigkeit vermehrt selbst nach Lösungen suchen wollen und es für das Erreichen von Selbstbestimmung auch sollen.

»Wenn nicht so, dann eben anders!« – kreatives Problemlösen durch Versuch und Irrtum

Wer kennt es nicht? Ein Möbelstück soll zusammengebaut, ein Aufsatz geschrieben oder eine Denkaufgabe gelöst werden: Trotz aller Mühe finden wir manchmal einfach keine passende Lösung. Ist die Antwort dann bekannt, fassen wir uns beschämt an den Kopf und fragen uns, warum wir nicht selbst draufgekommen sind. So einfach wäre es gewesen und wir haben zu kompliziert gedacht! Woran liegt das?

Die Ursache für den persönlichen »Programm-Absturz« liegt meist darin, dass wir uns an bestimmte Lösungswege gewöhnt haben. Einmal gefunden, wenden wir unserem Schema gemäß immer wieder dieselben einprogrammierten Vorgangsweisen an, da sie sich ja bewährt haben. Dann passt es auf einmal nicht und wir müssen umdenken, es anders probieren. Auch wenn wir selbst unsere Komfortzone nur ungern verlassen, ist es prinzipiell die Stärke des Menschen, Problemstellungen unterschiedlich zu lösen. Wenn also eine Lösungsstrategie nicht greift, muss eine andere auf den Plan. Dieser Forscherdrang ist im Menschen fest verankert und macht ihn aus. Deshalb ist es wichtig, Kindern nicht alles vorzukauen, sondern sie in einem gefahrlosen Raum selbst probieren zu lassen, wobei kleine Hilfen durchaus erlaubt sind, bevor sich das Kind auf falschen Lösungswegen verirrt und schließlich nicht mehr will. Zu erleben, dass man aus eigener Kraft angemessene Problemstellungen lösen kann, stärkt die eigene Flexibilität und somit das Selbstbewusstsein. Auch die psychische Widerstandskraft (Resilienz) wird auf diese Art und Weise gestärkt, weil es Stress reduziert, wenn wir unserer eigenen Problemlösefähigkeit vertrauen.

Wichtig ist, diesen Entwicklungsmotor sanft, aber bestimmt zu unterstützen. Beobachten wir kleine Kinder, fällt auf, dass sie mit einer ungeheuren Ausdauer etwas so lange versuchen, bis sie es geschafft haben – sich an einem Möbelstück hochziehen, ein Spielzeug vom Tisch holen, Stiegen steigen und vieles mehr.

Um diese Fähigkeit nicht verkümmern zu lassen, braucht es kein teures Spielzeug! Der Alltag selbst, um dessen Bewältigung es schließlich geht, bietet genug Übungsmöglichkeiten: Aber auch einfache Bausteine, Bausätze, Bastelmöglichkeiten, die Freiraum für eigenes Gestalten lassen, bieten für jedes Alter Entwicklungsanreize. Prinzipiell ist es in diesem Bereich müßig, von Förderung zu sprechen, da es viel mehr darum geht, den ohnehin vorhandenen Forscherdrang nicht mit zu vielen Vorgaben und Zwängen abzutöten. Als Eltern sollten wir bereit sein, im moderaten Rahmen so manche Fehlversuche unserer Kinder auszuhalten! Damit fördern wir die Ausdauer unserer Kinder, ein gewisses Maß an Frustrationstoleranz und Anstrengungsbereitschaft. Es ist zum Beispiel gut, kleine Alltagsprobleme von den Kindern lösen zu lassen: »Wie bekommst du den Federball vom Baum?«, »Wie trennst du am besten Dotter vom Eiklar?« ... und vieles mehr!

Zaubermittel Sprache und soziales Verhalten

Die menschliche Sprache ist die differenzierteste und vielfältigste Form der Kommunikation. Sie will entwickelt und gepflegt werden. Es ist mehr als schade, wenn sie verkümmert. Eine gut entwickelte Sprache hilft neben der Fähigkeit, Lösungen für Probleme zu finden, dabei zwischenmenschliche Beziehungen aufzubauen, aufrechtzuhalten und Konflikte zu lösen.

Früh übt sich, wer sich sprachlich gut ausdrücken können möchte. Sprachlich gut entwickelte Kinder können beispielsweise viel eher mitteilen, was sie brauchen, was im Kindergarten passiert ist, was sie ängstigt oder traurig macht. Wenn wir die Sprachfähigkeit unserer Kinder entsprechend unterstützen, helfen wir ihnen auch auf diesem Wege zu Selbstständigkeit und Selbstwertgefühl: Kann ein Kind schon früh beim Bäcker sein Brot verlangen, gibt ihm das Sicherheit.

Es ist wesentlich, dass Kinder früh soziale Fertigkeiten erlernen. Dieses umfassende Bündel wertvoller Werkzeuge für den Umgang miteinander beinhaltet zahlreiche Fähigkeiten: sich zu unterhalten, neue Kontakte anzubahnen und pflegen zu können, sich durchzusetzen, ohne anderen zu schaden, sich einfühlen zu können, Wünsche zu äußern, unpassende Forderungen zurückweisen zu können und Konflikte entsprechend auszutragen – die »Königsdisziplin«, der zwischenmenschlichen Kommunikation. Menschen mit guten sozialen Fertigkeiten leben leichter!

Ohne Einfühlungsvermögen geht es nicht!

Hilflos zappelt der Käfer im Wasser – ein anderes Kind fällt hin und weint, sein Knie blutet – die Katze schmiegt sich um die Beine und steuert zur Futterschüssel – wir sehen gebannt einen Film und verfolgen die Geschehnisse. Es gibt unzählige Situationen, die wir zwar nicht am eigenen Leib erleben, die aber dennoch Gefühle in uns auslösen. Einfühlungsvermögen bedeutet den Versuch, eine Situation mit den »emotionalen Augen« des anderen zu betrachten. Mitgefühl kann altersentsprechend gefördert werden. Belasten wir die Kinder damit nicht unnötig? Nein, denn Mitfühlen bedeutet nicht dasselbe wie Mitleid. Empathie mobilisiert Möglichkeiten, Probleme möglichst rasch und sicher zu lösen. Angemessenes Mitgefühl hilft also, die Bande einer Gemeinschaft zu stärken, weil sich jeder für die Gruppe und seine Mitglieder mitverantwortlich fühlt.

Über Bilderbücher, Geschichten und diverse Alltagssituationen, vor allem aber durch unser eigenes Einfühlungsvermögen unseren Kindern gegenüber, kann diese Fähigkeit besser entwickelt werden. Auch die Folgen des eigenen Verhaltens kann so unter die Lupe genommen werden: »Was kann passieren, wenn du den Ball gegen das Fenster wirfst?«, »Wie glaubst du, reagiert deine Schwester, wenn du ihre Puppe kaputt machst?« Das Gegenteil von Empathie besteht im »Alleingang« und in der Egomanie, die langfristig zu Einsamkeit führt.

Genuss- und Glücksfähigkeit

Schon ab der Kindergartenzeit sind Kinder mit dem Thema »Zeit- und Aktivitätsplanung« konfrontiert. So bekommen sie im Laufe der Zeit ein realistisches Zeitgefühl. Die Fähigkeit, Zeit entsprechend effizient zu nutzen und im Voraus zu planen, sind zweifelsohne unverzichtbar, wenn sich Menschen nicht im Chaos verirren wollen.

Wie bei allem sind auch im Bereich des Zeitmanagements Einseitigkeiten und Extreme kaum förderlich. Deshalb sollten wir darauf achten, dass die Fähigkeit, im Hier und Jetzt genussvoll zu leben, an unseren Kindern nicht zerstört wird. Kleinkinder können den Moment genießen und sich daran erfreuen, Steine ins Wasser zu werfen oder einfach dahinlaufen zu können, sich spontan auf die Wiese fallen zu lassen, um dort ein kleines Ästchen zu begutachten. Beobachten wir Kinder in solchen banalen Glücksmomenten, ist die Welt für uns einerseits in Ordnung. Andererseits können wir vielleicht spüren, wie weit wir uns selbst von dieser Genügsamkeit des Momentes wegentwickelt haben. Wir brauchen in der Folge Achtsamkeitsseminare, Yoga und Genusstrainings, um diese einfache Genuss- und Glücksfähigkeit wiederzuerlangen. Nur allzu leicht können Glück und

Genuss mit der Bedingung an Leistung gekoppelt werden! Die fatalen Folgen sehen wir bei den vielen Erwachsenen, die sich nur über Leistung definieren und schließlich im »Burnout« landen.

Deshalb sollten wir darauf achten, dass diese Fähigkeit bei unseren Kindern im Alltagstrubel nicht verkümmert und sie nur immer teureren Spielsachen und Spielkonsolen nachjagen.

Es ist gar nicht so kompliziert, eine Atmosphäre zu schaffen, die diese Genuss- und Glücksfähigkeit zulässt. Es hilft, immer wieder das Schöne und Gute zu bemerken, dankbar zu sein für die Dinge, die wir haben dürfen und die so sind, wie sie sind. Nichts ist selbstverständlich! Ich habe eine Art Ritual eingeführt, meine Kinder bevorzugt abends vor dem Schlafengehen zu fragen, was ihnen an diesem Tag am besten gefallen hat. So sind sie angehalten, neben all den lästigen und unangenehmen Dingen, die insbesondere der Schulalltag mit sich bringt, die guten Dinge ebenso anzusprechen und sich ihrer bewusst zu werden.

Über sich selbst nachdenken können

Diese Fähigkeit beginnt in der Vorpubertät und sollte im moderaten Ausmaß gepflegt werden. Knackig philosophische Fragen von Jugendlichen können uns Eltern in unserem Denken ziemlich herausfordern. Wir können unsere Kinder insofern unterstützen, indem wir für die vielleicht ungewohnten Fragen und Sichtweisen offen sind und selbst bereit sind, unser Denken und Handeln zu hinterfragen. Das bedeutet auch, den eigenen Weg immer wieder einer Bilanz zu unterziehen. Dadurch bemerken wir bald, wenn wir auf einen längerfristig ungünstigen Weg abgerutscht sind und können ihn korrigieren. Diese anregenden Alltagsgespräche oder ein Tagebuch zu führen, unterstützt diese Fähigkeit der Selbstreflexion. Dies wiederum erleichtert es uns, eigene, vielleicht nicht mehr passende, Haltungen zu verändern.

Resilienz – der »Stehaufmännchen«-Effekt

Menschen sind unterschiedlich – auch in ihrer Robustheit, ihrer Resilienz. So gibt es Menschen, die auf Belastungen empfindlicher reagieren als andere, die offenbar nicht unterzukriegen sind. Erkranken manche Menschen aufgrund relativ unscheinbarer Auslöser an Depressionen, bleiben wiederum andere trotz etlicher Schicksalsschläge psychisch gesund – wie Stehaufmännchen.

Nicht das Fehlen von Problemen erhält Menschen psychisch gesund und glücklich, sondern die Zuversicht, etwaige Herausforderungen meistern zu können. Genau diese Haltung hilft unseren Kindern, selbst möglichst robust, also resilient zu werden. Sie lernen von Anfang an, dass viele Probleme lösbar sind oder manches auch eben hingenommen werden muss. Das Kind wird so zum »Stehaufmännchen«, das trotz einer verpatzten Schularbeit nicht die Flinte ins Korn wirft, sondern aufsteht, sich die Krone richtet, weitermacht und wahrscheinlich die Methode ändert!

Erziehung »nach Maß« statt »von der Stange«

»Jedes Kind ist einzigartig!« – Diese Aussage über die Einzigartigkeit unserer Kinder ist zwar nicht neu, wird aber in ihrer Bedeutung offenbar doch oft unterschätzt.

Wenn wir schon Probleme damit haben, uns mit unterschiedlichen Geschmäckern, Meinungen und Lebensformen anderer Menschen tolerant auseinanderzusetzen, um wie viel schwerer fällt es uns bei unseren Kindern, in deren Adern unser Blut fließt? Laufen wir nicht Gefahr, davon auszugehen, dass unsere Kinder uns in ihrem Denken und Wollen ähnlich sind oder zu sein haben? Wie kann es dann sein, dass Eltern schon in frühen Jahren das Haus aufstocken, damit das Kind später hier wohnen kann und nicht in Erwägung gezogen wird, dass das erwachsene Kind diesen Wunsch nicht hegt? Ist es nicht realistisch, dass unser Kind einen anderen Beruf wählt als wir, auch wenn wir diese Nachfolge als Krönung unseres Erziehungserfolges gerne sehen wollten?

Nur weil wir ein Kind gezeugt und ausgetragen haben, bedeutet das weder, dass es ein Klon von uns ist, noch, dass wir das Recht haben, ihm vorzuschreiben, was es zu wollen hat. Selbst eineiige Zwillinge, die genetisch identisch sind, denken nicht dasselbe!

Kinder brauchen Eltern, die von ihrer Einzigartigkeit ausgehen. Sie brauchen Eltern, die in einem Wechselspiel von Zuhören, Ausprobieren und Rückfragen mit dem Kind den

Weg gemeinsam gehen, anstatt deren Wünsche, Gefühle und Ziele nach eigenen Maßstäben und Vorstellungen festzulegen und sie so in ihrer Entwicklung zu blockieren. Kinder brauchen Eltern, die sich dessen bewusst sind, dass ihre Erfahrungen und Meinungen nicht die einzig richtigen auf der Welt sind und die sich von neuen Erfahrungen überzeugen lassen, wenn diese dafürsprechen.

Die Einzigartigkeit unserer Kinder zu akzeptieren, bedeutet auch, sie nicht aufgrund von Pauschalurteilen in Schubladen zu stecken, da wir sie auf diese Weise blockieren.

Geschlechterstereotypen, Sternzeichen & Co

»Buben sind lauter, risikofreudiger, rücksichtsloser, in der Schule schlechter«, »Mädchen sind freundlich, angepasst, in der Schule besser ... sie sind einfach anders!« Was erwarten wir von einem Schüler, der zuletzt ein saftiges »Nicht genügend« geschrieben hat? Was aber von jemandem, der ein fehlerloses »Sehr gut« geschafft hat? Auch wenn wir nun keine konkreten Personen vor Augen haben, schieben wir sie sofort in die Kategorien »guter« und »schlechter« Schüler. Einmal in der Schublade drin, kommen wir bekanntlich aufgrund der »Selbsterfüllenden Prophezeiung« schwer wieder heraus: Zahlreiche Untersuchungen haben das bereits belegt. Wenn Menschen fest an eine Vorhersage glauben, setzen sie unbewusst jenes Verhalten, damit sie sich erfüllt.

Gerade bei den eigenen Kindern gehen wir davon aus, sie besonders gut »kennen« zu müssen, da sie unsere Kinder sind. Gerade deshalb ist es ratsam, unsere Wahrnehmung und Bewertungen laufend auf den Prüfstand zu stellen. Sonst drücken wir unseren Kindern den Stempel unserer Erwartungen auf, die sich an unserer Menschenkenntnis, dem Bauchgefühl und unserer Lebenserfahrung orientieren. Dies aber ist die Basis jeglicher Missverständnisse! »Das ist der Ruhige, Problemlose und Selbstständige, der uns nicht so braucht«, »Sie ist die Unsichere, der wir unter die Arme greifen müssen«, »Sie ist die Intelligente, die ihren Weg schon gehen wird« – so klingen Schubladisierungen, aus denen heraus Kinder in der Folge blockiert oder einseitig bevorzugt werden können. Auf keinen Fall sollte sich unser Verhalten an Pauschalaussagen oder gar an den Ergebnissen von Kartenlegern und Sternzeichen festmachen: »Sie ist eine Waage, ganz klar: Sie vermittelt bei anderen und ist ausgeglichen«, »Er hat zwei Gesichter – typisch Zwilling.«. Auf diese Weise behandeln wir Menschen so, dass sie unsere Erwartungen erfüllen und uns in unserer Meinung bestätigen – ähnlich der Tatsache, dass jeder Schüler auf »Nicht genügend geprüft« werden kann.

Aber auch nötige Hilfe kann dadurch verschleppt werden, weil das Kind ja in seiner »Schublade« gefangen ist. Neulich erzählte mir eine Frau in meiner Praxis von einer Bekannten, deren sechsjähriger Sohn regelmäßig tagsüber einkotete. Die besagte Mutter fragte zwei offenbar selbst ernannte Spezialistinnen, wobei beide angeblich zum selben Schluss kamen: Der Bub sei »Jungfrau« und er würde sich niemals ändern! Fatal für das Kind, das ein psychisches und/oder medizinisches Problem hatte und sich eben so zum Ausdruck bringen wollte!

Was können Sie also tun?

Da wir Eltern aber Menschen sind und Vorurteilen gegenüber nicht immun, ist es ratsam, dass wir uns aktiv darum bemühen, bewusst dagegenzuwirken. Natürlich sind auch Geschwister unterschiedlich. Wenn wir aber von unseren Kindern das Bild haben, dass das eine wesentlich klüger, geordneter oder sozialer ist als das andere, neigen wir dazu, ebenso kluges oder soziales Verhalten des anderen Kindes durch den Rost fallen zu lassen. Wir übersehen es, werten es ab oder drehen es womöglich so, dass das Kind wiederum schlecht aussteigt. Hat das sonst »neidige« Kind seinem Geschwister etwas geschenkt, läuft es womöglich Gefahr, als berechnend hingestellt zu werden. Es kommt aus seiner »Schublade« nicht heraus. Besser wäre es also, das Verhalten der Kinder möglichst »objektiv« zu betrachten und günstiges Verhalten anzuerkennen, auch wenn es unserem Vorurteil widerspricht. Hinterfragen Sie konkret, warum das eine Kind eher unerwünschtes Verhalten zeigt als das andere – es gibt *immer* tatsächliche Gründe! Auch ist es gut, hellhörig zu sein, wenn ein Kind äußert: »Es ist egal, was ich sage, es ist ohnehin immer mein Bruder der Gute!«, «Bei mir rastest du aus, bei meiner Schwester sagst du in der gleichen Situation nichts und entschuldigst alles!« Spätestens dann ist es nötig, das eigene Verhalten zu hinterfragen. Wenn Sie klare Gründe für eine unterschiedliche Behandlung haben, erklären Sie dies dem Kind: »Du bist um einiges jünger, deshalb muss ich da und da genauer sein – schau, dafür lass ich zum Beispiel *XY* bei dir noch durchgehen, was ich bei deinem Bruder nicht tue.«

Alle Kinder brauchen Grenzen – oder?

Richtig! Aber nicht jedes Kind benötigt Grenzen auf die gleiche Weise und in der gleichen Situation.

Betrachten wir eine Gruppe von sich unbeeinflusst verhaltenden Kindern. Wir werden impulsivere, lautere und risikofreudigere Kinder vorfinden und ruhigere, die sich leichter vertreiben lassen, die sich nicht so sehr in das Getümmel trauen und bescheiden darauf warten, was übrig bleibt. Letztere kämpfen vielleicht nicht darum, genau das eine, begehrteste Spielzeug zu bekommen, sondern »geben sich mit weniger zufrieden«. Angenehm und unkompliziert sind solche Kinder und werden nicht selten für ihre »Bescheidenheit« belohnt, weil sie zu den »Braven« gehören! Fatal ist das, wenn sie aber nie lernen, sich gegebenenfalls auch durchzusetzen!

Einerseits ist es wichtig, dass wir den Kindern einen gewissen Freiraum zugestehen, damit sie selbst aus den Erfahrungen in der Gruppe lernen, andererseits werden dennoch manche Kinder striktere oder andere Grenzen brauchen.

Wenn wir eine Schulklasse beobachten, gibt es immer Kinder, die überall die Ersten sein wollen, herausrufen oder sich vordrängeln. Sie toben am Gang herum, schwätzen, werfen Kügelchen durch die Klasse oder provozieren Lehrer. Diese brauchen entsprechend straffere Grenzen, um sich besser an die Regeln und Bedürfnisse der Gruppe anzupassen, ohne sie aber in ihrer Persönlichkeit zu brechen. Denn Kinder sollen ja auch keine unreflektierten, überangepassten »Ja-Sager« werden! Andere Kinder wiederum warten still und brav darauf, gefragt zu werden, nehmen sich nur das, was übrigbleibt, sind bei keinem Streich dabei oder lassen sich sogar ihre Schulstifte wegnehmen. Neben dem, dass die allzu »Ruhigen« einerseits für Betreuer zwar recht angenehm sind, haben sie gerade in der Schule immer wieder die Folgen schlechter Mitarbeit, da sie sich aus Scham heraus nicht so rege am Unterricht beteiligen. Außerdem laufen sie Gefahr, in der Klasse Außenseiter zu werden, da sie unter dem Ruf stehen, nur den Lehrern gefallen zu wollen. Diese Kinder brauchen eindeutig eine andere Form der Unterstützung, mit dem Ziel besserer Selbstbehauptung. Das geht einerseits damit einher, die eigenen Grenzen von anderen nicht übertreten zu lassen, andererseits, selbst etwas risikofreudiger zu werden. Das kann bedeuten, die eine oder andere harmlose von außen gesetzte Grenze nicht ganz so tierisch ernst zu nehmen.

Überforderte Erstgeborene, mitlaufende »Sandwichkinder«, beneidete »Nesthäkchen«, verwöhnte Einzelkinder

»Susanne darf immer länger aufbleiben!«, »Toni hat mir schon wieder meine Zeichnung zerrissen! Warum sagt da keiner etwas?«, »Wenn ich Geschwister hätte, dann wäre mir nicht langweilig, aber so muss ich auch mit niemandem wegen irgendeinem Blödsinn streiten ...« Jede Position in der Geschwisterreihe kann Vor- und Nachteile haben oder als solche empfunden werden. Wichtig ist, dass wir mögliche Vorteile für unsere Kinder nützen und etwaige Gefahrenquellen erkennen und gezielt dagegenwirken. Dafür ist es nötig, vor allem die eigenen Kinder unter die Lupe zu nehmen, anstatt sich an allgemeinen Aussagen festzuhängen.

Tatsache ist, dass Erstgeborene zuerst die ungeteilte Aufmerksamkeit der Eltern erhalten. Kommt ein Geschwisterchen nach, müssen sie erst lernen zu teilen. »Nesthäkchen« müssen sich dagegen aus dem »Haustier«-Status entwickeln und sich gegen die Älteren durchsetzen. Andererseits können Erstgeborene den Vorteil haben, schon früh zu lernen, Verantwortung zu übernehmen, sofern sie nicht immer »die Großen« und »Einsichtigen« sein müssen. Aber nicht jeder Erstgeborene kann Jüngere »führen« und manch einer entwickelt sich zum kleinen Tyrannen.

Auch Zweitgeborene, die »Sandwichkinder«, die gerne als »Mitläufer« oder Vermittler schubladisiert werden, können große wie kleine Geschwister gängeln und ziemlich ins Schwitzen bringen.

Es gibt die verschiedensten Konstellationen. Manche »Nesthäkchen« sind für die Älteren Anlaufstelle für Kummer und Sorgen und entwickeln sich zu Einzelkindern mit ausgeprägter sozialer Ader und Weitblick. So wird ersichtlich, dass es in der Verantwortung von uns Eltern liegt, die Geschwisterdynamik auszugleichen und maßgeschneidert jedes Kind auf seiner »Position« in seiner Entwicklung zu unterstützen: Tyrannisiert das Zweitgeborene das Erstgeborene, so ist es nicht so günstig, vom Älteren grenzenloses Verständnis dafür zu verlangen, dass das Jüngere in seiner Wut ihm z.B. die Haare ausreißt, ihm seinen Turm umwirft oder Zeichnungen zerreißt, weil es »ja noch klein ist« und »nicht versteht, was es tut«. Das Jüngere muss ebenso lernen, sich zurückzunehmen. Da gilt es, Gefahrenmomente zu entschärfen und einer Eskalation entgegenzuwirken. Andererseits sollte das Erstgeborene natürlich das Jüngere nicht tyrannisieren!

»Nesthäkchen« können es insofern unter Umständen leichter haben, als dass sie manche Dinge widerstandslos dürfen, worum Erstgeborene mit den Eltern zuvor kämpfen mussten. Eltern werden im Laufe der Zeit gelassener oder im ungünstigen Fall gleichgültiger. »Nesthäkchen« tragen den Ruf des Verwöhnt-Seins und bekommen immer wieder den Neid der Älteren ab. Sie laufen aber auch Gefahr, »kleingehalten« zu werden, da sie die Unterlegenen sind und weiterhin oft so behandelt werden, wobei es nach oben keine Altersgrenze gibt. Sie kommen aus der Schublade des Jüngeren einfach nicht heraus. Eine sechzigjähre Frau erzählte mir, dass ihre siebzigjährige Schwester sich immer noch kritisch in ihr Leben einmischt und ihr mangelhafte Lebenserfahrung nachsagt. Die Selbstständigkeit wird im Gegensatz zu Erstgeborenen aufgrund unterschiedlicher Motive oft weniger gefördert. Bei den Jüngeren überlegen sich die Eltern nicht mehr jede Konsequenz ihres Verhaltens, da sie ihre Lehren aus den Erfahrungen mit den älteren Geschwistern ziehen. Das Letztgeborene kann oder muss manchmal deshalb länger Kind bleiben, weil Eltern einfach noch ein Kind daheimhaben wollen. Letztgeborene laufen somit Gefahr, entweder zu Hause hängen zu bleiben, weil sie sich ein eigenständiges Leben nicht zutrauen, es bequemer ist und die Eltern später versorgt werden sollten. Andererseits kann es sein, dass sie als »schillernde Persönlichkeiten«, Querdenker oder »schwarze Schafe« revoltieren.

Einzelkinder genießen die ungeteilte Aufmerksamkeit der Eltern, was die Gefahr von Verwöhnung und Egomanie in sich trägt. Eltern sind insofern gefordert, als dass sie sich mehr Gedanken um den Kontakt mit anderen Kindern machen müssen, um den Umgang mit Gleichaltrigen zu ermöglichen. Bemühte Eltern unternehmen mit Einzelkindern besonders viel und laden andere Kinder zu gemeinsamen Aktivitäten ein, um gegen die mögliche Einsamkeit anzukämpfen. So lernen Einzelkinder, sich auch außerhalb des Kindergartens oder der Schule in Gruppen zu fügen.

All diese Szenarien können in Familien gegeben sein. Vielleicht ist es aber genau bei Ihren Kindern völlig anders?

Deshalb gilt, dass jede Familie für sich ihre Voraussetzungen unter die Lupe nehmen sollte, um eine maßgeschneiderte Erziehung zu ermöglichen, anstatt Vorurteilen zu viel Raum zu überlassen.

Miteinander kindgerecht reden: Wie merken wir, dass etwas schiefläuft?

Was können wir tun, um unsere Kinder in ihrem Denken und Fühlen zu verstehen? Wie machen wir uns selbst kindgerecht verständlich? Die erste Komplikationsmöglichkeit kennen wir schon: Wenn wir glauben, immer sicher wissen zu müssen, wo bei unseren Kindern der Schuh drückt, kann es passieren, dass wir am Kind vorbeireden. Dazu kommt, dass Kinder überhaupt nicht sprechen oder sich unzureichend mit Worten ausdrücken können.

Fühlen Sie aktiv hin!

Es gibt verschiedene Situationen, in denen es für Eltern oder andere Bezugspersonen ratsam ist, genau hinzufühlen, was hinter einem Verhalten stecken könnte.

Zum Beispiel: Ein Baby von ca. sechs Monaten ist mit seinen Eltern in einer Gondel, die auf einen Berg von etwa dreitausend Metern führt. Zuerst ist das Baby noch vergnügt, aber nach ein paar Minuten fängt es an, bitterlich zu weinen. Die Eltern suchen nach Spielzeug, doch das Baby wirft es auf den Boden. Sie heben es auf und versuchen es nochmals. Lustige Grimassen der Eltern sollen das Kind aufheitern, doch das Baby kreischt immer lauter und scheint richtig zornig zu werden, weil nun schon mehrere Leute die bizarrsten Grimassen versuchen, um das Kind aufzuheitern. Das Baby schreit weiter und weiter. »Oma hat ja auch Höhenangst! Na ja, er ist halt ein Choleriker, wie es der Papa als Kind war! Na, das kann ja noch heiter werden!« Alle lachen. Das Kind wimmert und greift sich auf den Kopf. Irgendwann findet jemand doch noch einen plausiblen Grund: Offenbar hatte das Kind wegen der Gondelfahrt und des damit verbundenen Druckunterschiedes Ohrenschmerzen – so die Vermutung. Kinder unter einem Jahr sollen deshalb nicht mit der Gondel fahren. Die Eltern waren sehr betroffen, als sie das erfuhren. Mit diesem Wissen waren sie aber geduldiger und einfühlsamer mit dem Baby, weshalb es dann ein bisschen weniger weinte.

Eine Nonne in schwarzer Ordenstracht unterhält sich mit einer ihr bekannten Familie. Das Mädchen, ungefähr vier Jahre, langweilt sich im Laufe der Zeit bei der Unterhaltung, beginnt, ein wenig zappelig zu werden und drängt darauf zu gehen. Die Nonne wendet sich dem Mädchen zu und meint: »Komm, ich möchte dich tragen! Kommst du zu mir?« Das Mädchen wollte nicht von dieser ihr unbekannten, schwarz gekleideten Dame gehoben werden und wehrte sich. »Na, geh doch zu der Frau! Die meint es doch nur gut!«, meinten die Eltern, anscheinend peinlich berührt. Eine danebenstehende Bekannte zückte ein Bonbon aus der Tasche und gab es der Nonne. Diese zeigte es dem Kind und wollte es auf diese Weise näherlocken und austricksen. Das Mädchen wollte jedoch erst recht nicht und schrie, sobald die Nonne nach ihr griff. Irgendwann schaffte es die Nonne, das Mädchen auf den Arm zu wuchten und wollte ihm gleichzeitig das Bonbon geben. Das Kind schrie und strampelte. Alle redeten energisch auf das Mädchen ein, dass es doch nicht so zornig sein soll. Jemand aus der Gruppe meinte aber: »So lasst sie doch in Ruhe! Sie hat einfach Angst!« Endlich ließ die Nonne das Kind los und gab ihm ohne »Leistung« das Bonbon. Das Mädchen hatte sich mithilfe des einfühlsamen Erwachsenen im Endeffekt glücklicherweise durchgesetzt.

Dieses Beispiel ist nur eines unter unendlich vielen, die in einem Buch niemals Platz finden würden. Vielleicht ist auch Ihnen das eine oder andere Erlebnis aus Ihrer Kindheit in Erinnerung, bei welchem Sie sich zumindest vorerst nicht verstanden gefühlt haben? Deshalb geht es prinzipiell darum, dass wir Eltern uns darum bemühen, die einzelnen Situationen mit den Augen des Kindes zu sehen, indem wir das, was es an Gefühlen zum Ausdruck bringt, ernst nehmen und versuchen zu verstehen.

Das »Fledermaus-Prinzip«: aktives Zuhören und Nachfragen!«

Fledermäuse sind wahre Flugakrobaten, die trotz ihrer schlechten Sehkraft in der Dämmerung und nachts zielsicher nach Insekten jagen. Diversen Hindernissen weichen sie geschickt und flink aus, da sie mit ihrer Echo-Ortung quasi ein sicheres »Hörbild« ihrer Umgebung haben.

Worin besteht nun die Verbindung zwischen diesem Exkurs in die Biologie und der Erziehung unserer Kinder? Dieses Werkzeug der »Echo-Ortung« ist der Kommunikation des Menschen recht ähnlich. So wie der Kellner fragt, was Sie bestellen wollen, anstatt Ihnen nach Gutdünken irgendetwas zu servieren, sind wir auch bei der guten Erziehung von der Rückmeldung unserer Kinder und diese von unserer abhängig, damit wir wissen, ob wir gemeinsam auf dem richtigen Kurs sind.

Das klingt doch nachvollziehbar? Doch genau darin findet sich eine häufige und hartnäckige Fehlannahme: »*Wenn man jemanden liebt, dann müsste man doch von Grund auf wissen, was der andere braucht?*«

Schon allein deshalb, weil sich Wünsche und Bedürfnisse rasch ändern können, was bei Kindern, in der Regel rasch passiert, ist es kein Zeichen von Liebe, wenn wir versuchen, den Hellseher zu spielen. Denn dann kann das Unheil ungehindert seinen Lauf nehmen. Der Partner ist gezwungen, so zu tun, als wäre alles in Ordnung, um die Gefühle des anderen nicht zu verletzen, oder riskiert, den anderen zu kränken. Es ist vielmehr ein Zeichen von Liebe und Wertschätzung, wenn wir uns für die Anliegen des anderen interessieren und nachfragen. Auf diese Weise können wir viel besser auf Bedürfnisse und Wünsche eingehen. So kann Ihre Partnerin von einem Schmuckstück in der Auslage begeistert sein, es jedoch überhaupt nicht haben wollen. Ihr Kind kann von einem vorgespielten Klavierstück entzückt sein. Aber fragen Sie es dennoch, ob es tatsächlich gerne einmal ein Klavierkonzert besuchen möchte, anstatt es mit teuren Karten zu überraschen. Reagiert das Kind gar nicht begeistert, laufen wir Gefahr, es womöglich damit zu erpressen, dass es mühevoll war, gerade noch Karten zu bekommen und sich die Patentante schon so freut, mit ihm ins Konzert zu gehen. Das lange Sitzen könnte zusätzlich ein aufkeimendes Interesse zerstören. Das bedeutet nun nicht, dass Kinder nicht dann und wann etwas einem anderen Menschen zuliebe tun sollen. Aber in diesem Fall wäre eine solche Gefälligkeit vermeidbar und schlichtweg unnötig, weil niemand etwas davon hat. Dazu kommt, dass dem Kind vielleicht gar nicht das Klavierstück selbst so gut gefallen hat, sondern nur das Lied oder das Kleid der Pianistin? Oder es war so toll, weil es nachher ein besonderes Eis gegeben hat? Wie auch immer ... Nachfragen erleichtert so manche Situationen spürbar!

Das bekannte Spiel »Stille Post«, bei dem in einer Runde von mehreren Leuten jeder dem Nachbarn einen ins Ohr geflüsterten Begriff oder Satz weitergibt, zeigt uns auf einfache Weise, was ohne Rückfragen passieren kann. Ein Bekannter schilderte mir eindrucksvoll solch ein verblüffendes Ergebnis. Kurioserweise wurde aus dem zu Beginn in die Flüsterrunde geschickten Satz »Ich liebe dich« am Ende zu »Leck mich doch«. Beim Stille-Post-Spielen wird etwas akustisch falsch verstanden und anschließend falsch weitergegeben. So ähnlich verhält es sich in der Kommunikation, wenn Aussagen falsch interpretiert werden. Wenn ein Kind erstaunt ruft: »Wow, das ist aber eine hohe Schaukel!«, heißt das noch lange nicht, dass es deshalb einen Tag in einem Vergnügungspark mit lauter extrem hohen Schaukeln verbringen will.

Manchmal hören wir gar nicht einmal genau hin, was gesagt wird. Sie kennen sicher aus dem Radio Fangfragen, mit denen Passanten hinter das Licht geführt werden: »Am 24. 12. feiern wir Weihnachten, die Geburt Jesu. In welchem Monat aber feiern wir Weihnachten?« Dabei sind die erstaunlichsten Antworten zu hören, obwohl sicher jeder die Antwort kennt. Einerseits ist es wohl irritierend, plötzlich auf der Straße ein Mikrofon unter die Nase gehalten zu bekommen, andererseits aber nehmen wir nicht jede Information einer Nachricht wirklich auf. Es passiert sogar bei kurzen schriftlichen Nachrichten, dass klare Informationen übersehen oder falsch gedeutet werden. Eine SMS lautet zum Beispiel: »Wir könnten uns nächste Woche am Mittwoch um 14.30 Uhr im Café XY treffen.« Die Antwort: »Ja, sehr gerne! Um wie viel Uhr?«

Wir alle unterliegen solchen Irrtümern und Kommunikationsfehlern, ohne dass wir deshalb für unzurechnungsfähig erklärt werden müssten. Wir können aber bewusst dagegen ankämpfen, indem wir uns dahingehend rückversichern, dass wir tatsächlich dasselbe meinen.

Kommunizieren Sie mit Ihren Kindern, indem Sie zuhören und vor allem rückfragen! Haben Sie eine Vermutung, wo das Problem oder ein Wunsch liegt, dann nageln Sie das Kind nicht darauf fest, sondern überprüfen Sie, ob Sie richtigliegen oder eben nicht. Zum Beispiel: Ein dreijähriges Kind fällt auf die Knie und beginnt schrecklich zu weinen. »Oje, jetzt hast du dir aber wehgetan!« Die Mutter hebt das Kind auf, reibt ihm die Knie und will mit ihm weitergehen. Das Kind weint immer bitterlicher und schreit zornig. Die Mutter tröstet das Kind erneut und meint: »Geht ja schon wieder, schau, es ist gar nichts passiert!« Das Kind versucht zu reden, würgt aber nur ein paar Silben zwischen den Tränen hervor. »Jetzt komm schon, so weh tut es auch wieder nicht!«, meint die Mutter. Das Kind kreischt vor Wut. Endlich fragt sie: »So, jetzt beruhige dich mal! Was ist denn passiert?« »Da, da, runtergefallen! Weg ...!« Erst jetzt versteht die Mutter, dass es um ein anderes Problem geht: »Hast du etwas verloren«, »Jaaa!«, weint das Kind sichtlich erleichtert, weil es endlich verstanden wurde. Ein kleines Hölzchen, das es mit einem Blatt umwickelt und als Puppe verwendet hat, ist auf den Laubhaufen gefallen. Ein Spielzeug, das von Eltern nicht unbedingt als solches erkannt werden muss. Nun aber können die beiden das Problem lösen. Sie suchen dieses Hölzchen und finden es vielleicht sogar wieder oder sie basteln eine neue Puppe!

»Aktives Hinschauen und vorurteilsfreies Beobachten«

Wenn eines sicher ist, dann, *dass* Ihr Kind prinzipiell auf positive wie auch unangenehme Ereignisse in seiner Umgebung reagiert. *Wie* es reagiert, steht auf einem anderen Blatt.

Ein Problem besteht einerseits darin, dass wir nicht immer wissen können, welche Ereignisse Kinder tatsächlich beeindruckend finden, andererseits, dass wir die Reaktion des Kindes übersehen oder missdeuten. So höre ich häufig von Eltern, die von Trennungen oder anderen Verlusterlebnissen berichten: »Nein, also die Kinder sagen gar nichts. Wir haben sie auch noch nicht darauf angesprochen, weil wir sie nicht belasten wollen. Vielleicht bekommen sie es noch nicht mit. Der Kleine ist erst vier. Die Zehnjährige? Die ist eine ganz Ruhige und Einfühlsame, die geht schon sehr gut damit um. So erwachsen! Um die müssen wir uns keine Sorgen machen. Kinder haben noch so einen natürlichen Zugang zu Tod und Trennung ... haben ja nur wir Erwachsene ein Problem damit.« Irrtum! Ja, Kinder haben einen »natürlichen« Umgang mit Verlustsituationen: Sie verstehen nicht, warum sie verlassen werden oder warum Mama bei Papa bleibt, obwohl sie so viel wegen ihm weint oder warum Papa geht, obwohl er sie lieb hat. Immer sind es die Kinder, die Schwächsten im System, die die Folgen von Verlusten am schwersten tragen und sie brauchen unbedingten Schutz! Vielleicht ist ja die Zehnjährige so brav und »erwachsen«, weil sie nicht will, dass Mama noch mehr weint? Weil sie Angst hat, Mama geht dann vielleicht ebenfalls? Oder Mama wird krank? Kinder können sich mit Worten lange nicht ausreichend mitteilen, sondern tun es über ihr Verhalten, das vielleicht ruhiger, chaotischer oder auch rebellischer ist als sonst. Sie fühlen sich schuldig, sind irritiert und meinen oft, dass sie nicht brav genug waren. Oder aber sie zeigen es über körperliche Symptome wie das bekannte »Bauchweh«, ein starkes Gefühl, dem das Kind noch keinen Namen geben kann. Ebenso können Kopfschmerzen, Schlafprobleme, Aggressionen, gehäufte Alpträume, Essprobleme, Rückzug und anderes Zeichen dafür sein, dass das Kind etwas belastet. Die Ursachen dafür können aber genauso völlig unerwartete Dinge sein, auf die wir von selbst niemals kommen würden. So hatte ein Kindergartenkind Angst davor einzuschlafen, weil ein Muster auf dem Vorhang an ein bedrohliches Gesicht erinnerte. Na, wenn es weiter nichts ist …? Manches ist leichter zu lösen, als vorerst gedacht! Es wäre also nicht im Sinne des Kindes, massive Veränderungen im Leben als Belastung zu bagatellisieren und zu ignorieren! Auch gibt es Gruppenangebote für Kinder, die mit Verlusterlebnissen wie Trennung und Tod konfrontiert worden sind.

Kinder reagieren rasch und manchmal recht intensiv auf für sie außergewöhnliche Ereignisse oder Zustände. Tröstend jedoch ist, dass sie recht rasch wieder in Balance zu bringen sind, wenn man den »richtigen Knopf« erwischt und das Problem für das Kind und mit ihm gemeinsam zufriedenstellend bewältigt hat. Mein Sohn, damals drei Jahre, besuchte den Kindergarten. Die ersten zwei Monate verliefen ohne Probleme und er hatte immer wieder Spaß in der Gruppe. Doch nach einiger Zeit fiel mir auf, dass er daheim ernster geworden war und widerspenstiger. Er war beinahe etwas aggressiv und einfach öfter »schlecht drauf«. Da er prinzipiell gerne erzählte und vom Kindergarten berichtete, war die Ursache nicht sofort klar. Doch dann schrillte bei mir die Alarmglocke: Die Kindergartenpädagoginnen hatten ihn gern, weil er so pflegeleicht war. »Den bringt nichts aus der Ruhe! Seine Nerven möchte ich haben!« Auch wenn der kleine XY tobt und schreit, Ihr Sohn bleibt ruhig!«, meinte eine Kindergartenpädagogin. Also von daher wehte der Wind! Kein Kind meistert große Konflikte souverän oder nimmt sie achselzuckend zur Kenntnis. Kinder klinken sich höchstens aus oder leiden still, wenn sie nicht selbst toben. Tatsächlich stach ich bei meinem Sohn ins Wespennest: »Sag, was läuft da im Kindergarten? Ist es da sehr laut? Hast du Angst? Tut dir jemand etwas?« Tatsächlich sprudelte aus ihm heraus, dass der Bub, der dazu noch sehr groß war, massive Wutanfälle hatte, was noch nicht das Schlimmste war. Er schlug andere Kinder und manchmal eben auch meinen Sohn. Natürlich brachte ich das im Kindergarten vor, wo man zugab, dass mein Sohn manchmal geschlagen wurde, weil er so ruhig war, obwohl sie ihn ohnehin schützten. Mein Sohn wirkte ab dem Zeitpunkt meines Verstehens und Eingreifens erleichtert und sein Verhalten entspannte sich wieder. Das Problem lag nun am Tisch und er bekam im Kindergarten mehr und für ihn offensichtlicheren Schutz und die Erlaubnis, sich zu wehren. Ich unterstützte ihn daheim und zeigte ihm, in welchen Situationen er sich wie am besten wehren konnte, ohne selbst unkontrolliert und brutal zu werden. Wie? Wir spielten die Situationen, auf die es ankam, einfach nach. Es begann damit, sich nichts wegnehmen zu lassen. Ich spielte seinen Widersacher und versuchte, meinem Sohn ein Spielzeug aus der Hand zu reißen und »schimpfte« auch, er solle es endlich hergeben. Er war dazu angehalten, sein Spielzeug festzuhalten und zurückzuschimpfen: »Nein, mach ich nicht … und wehe du schlägst zu!« Sollte das andere Kind tatsächlich immer wieder zuschlagen, macht es durchaus Sinn, dem eigenen Kind ausdrücklich zu erlauben, laut zu schreien und sich körperlich zur Wehr zu setzen. Meinem Sohn machte es sichtlich Spaß und so bekam er mehr Selbstbewusstsein, ohne selbst zum »Schläger« zu werden. Es war ein wunderbares Gefühl, meinen Sohn wieder glücklich zu sehen und ihm ein Stück Rüstzeug fürs Leben mitgegeben zu haben.

Sobald Ihr Kind sein Verhalten verändert oder sich auch unerwartet nicht verändert, wo Sie das erwarten würden, schalten Sie jedenfalls den elterlichen Radarschirm ein. Aber Achtung! Nicht hinter jeder Ecke wartet die Katastrophe und so ist auch Besonnenheit angesagt! Manchmal drückt wirklich einfach nur der Bauch!

Was Kinder wirklich brauchen: ein Streifzug durch die Zeit mit unseren Kindern

In diesem Kapitel unternehmen wir einen Streifzug durch die Alters- und Entwicklungsphasen vom Baby bis zum jungen Erwachsenen. Sind wir uns dieser »Teilziele« auf dem Weg zur Autonomie des Kindes bewusst, fällt es uns leichter, darauf zu achten, was unsere Kinder im Moment wirklich brauchen.

Schwangerschaft – einfach nur das »Nest« für ein neues Leben

»Mit zittrigen Händen fingere ich an der Verpackung herum. Die dafür benötigten Sekunden werden zu gefühlten Minuten. Jetzt schnell die Gebrauchsanweisung lesen und ja nichts falsch machen! Nach all den dafür unerlässlichen Notwendigkeiten starre ich auf das kleine Fensterchen. Das Herz klopft mir bis zum Hals. Da! Die Testlinie erscheint blitzschnell, noch bevor die Kontrolllinie mir Rückmeldung darüber gibt, dass der Test richtig durchgeführt wurde. Mir ist, als hätte mich der Blitz getroffen, obwohl ich gar nicht so überrascht sein müsste und mir ja ein Baby gewünscht habe. Mein Atem stockt und die Gefühlswelt fährt Achterbahn mit mir. Wogen von Euphorie, Stolz, aber auch Unsicherheit und etwas Angst machen sich breit, ... aber eigentlich ist es ein neuer Gefühlscocktail, eine absolut neue Empfindung! Ja, es gibt nur ›schwanger‹ oder eben ›nicht schwanger‹. Ein ›bisschen schwanger‹ gibt es eben nicht. Ab nun heißt es für mich: ›Achtung, Türen sind geschlossen, der Zug fährt ab.‹ Ich fühle mich extrem lebendig. Ich habe, wie so viele andere, eine Reise angetreten, von der ich nicht wirklich weiß, wohin sie mich führen wird, nur dass sie mein gesamtes Leben lang andauern wird!«

Der Eintritt einer Schwangerschaft und die Geburt des Kindes sind beinahe wie ein »zweiter Geburtstag« der Frau, kein Stein bleibt auf dem anderen und es öffnet sich das Tor in ein neues Leben. Von der ungeplanten, überfallsartigen Schwangerschaft bis hin zu zermürbenden, langen oder kostspieligen Bemühungen, endlich den Kinderwunsch erfüllen zu können, gibt es die verschiedensten Spielarten. Von Mehrlingsgeburten, verschiedenen Risikoschwangerschaften bis hin zu frustrierenden Fehlgeburten, damit verbundene medizinische Eingriffe und traumatisierende Fehlgeburten gibt es fast nichts, was es nicht gibt. Somit gleicht keine Schwangerschaft der anderen.

Eines aber ist sicher: Der Start in den neuen Lebensabschnitt wirkt auf die zukünftige Mutter und demzufolge auch auf ihre Haltung dem Leben selbst und dem Kind gegenüber und auf das Kind selbst. Zur Kompromisslosigkeit der frühen Schwangerschaft gesellt sich die Anforderung, das, was sich im Körper nun abspielt, geschehen zu lassen und abzuwarten, ohne etwas tun zu können: Bestätigt der Arzt die Schwangerschaft? Schlägt das Herz des Babys oder wurde es nun doch wieder nichts? Geht es von allein wieder ab oder wird es durch einen chirurgischen Eingriff entfernt? Bekomme ich nun den Mutter-Kind-Pass oder wird noch abgewartet? Wie wahrscheinlich ist es, dass das Kind gesund ist? Soll ich eine Fruchtwasseruntersuchung machen oder nicht? Wie entscheide ich, falls …? Sind die Organe dort, wo sie sein sollen, in der richtigen Größe und Anatomie? Wie wird die Geburt verlaufen? Die Erfahrungen mit Schwangerschaft und Geburt sind vielfältig und prägen unser Gefühlsleben und unsere Haltungen zum Leben selbst, was sich wiederum auf unser Erziehungsverhalten auswirkt.

Perfektionsfalle: »Die richtigen Gefühle haben müssen«

Die Erkenntnis, schwanger zu sein, ist für sich allein bereits ein einzigartiges Erlebnis. Gefühle selbst sind erfahrungsgemäß nicht planbar. Wer kann sich schon befehlen, sich zum »richtigen« Zeitpunkt zu freuen, keine Angst zu haben oder sich nie mehr zu ärgern, weil man sich vorgenommen hat, jederzeit gelassen zu sein? Vieles wissen wir, aber wir fühlen eben anders, als es uns der Verstand einzureden versucht. In der Schwangerschaft erleben Frauen oft einen Gefühlscocktail, der irritierend sein kann. In der Öffentlichkeit wird Schwangerschaft, die Aussicht darauf, endlich Mutter zu werden, mit dem verpflichtenden Gefühl des absoluten Glücks festgelegt. Zumindest glauben es viele Frauen, weshalb sie sich gleich einmal vorab als schlechte Mütter fühlen, wenn sie von zwiespältigen Gefühlen oder gar Panik heimgesucht werden.

Es ist nachweisbar richtig, dass das Ungeborene an unseren Gefühlen durch die Übertragung von Stresshormonen über die Nabelschnur teilhat, Geräusche und Muskelanspannungen wahrnimmt und somit unter anderem nachteilige Auswirkungen erfährt. Jedoch sollten Schwangere den Druck nicht noch zusätzlich durch die »Angst vor falschen« Gefühlen erhöhen! Die ausbleibende Freude über die Schwangerschaft kann diese beispielsweise nicht »wegdenken«. Auch wenn wir während der Schwangerschaft Stress erleben, können wir durch die anschließende liebevolle Betreuung des Babys wieder günstigen Einfluss ausüben und ein Stück weit ausgleichen.

Perfektionsfalle: »Ich will niemanden im Stich lassen!«

Besonders pflichtbewusste Frauen reagieren auf ihre Schwangerschaft zwar freudig, aber auch mit einem Gefühl von Peinlichkeit. Sie belastet das Gefühl, ihre Kollegen im Stich zu lassen und die Vorgesetzten zu enttäuschen. »Gerade jetzt, wo die meiste Arbeit anfällt, …«, »Der Chef wollte mir eine teure Ausbildung zukommen lassen, weil er mich in der Firma aufbauen möchte. Nun habe ich ihn sicher enttäuscht!« Diese Haltung ist natürlich ein Stück weit nachvollziehbar und spricht für Ihre Kollegialität, aber geben Sie diesem inneren Drang, sich permanent für Ihre Schwangerschaft zu »entschuldigen« und Ihr Ausfallen auszugleichen, nicht kritiklos nach! Auch wenn Sie sich bemühen, Ihre Arbeit ordnungsgemäß zu übergeben und nicht bei jeder auftretenden Übelkeit ein Drama zu machen, denken Sie daran, dass es für Sie zwar neu, aber umso wichtiger ist, Ihr Verantwortungsgefühl auf Ihr Kind umzulenken und somit auf sich selbst.

Wie immer liegt der gangbarste und sicherste Weg wohl in der Mitte. Wer trotz Schwangerschaft zahlreiche Überstunden macht, sich körperlichen Belastungen aussetzt, zum Beispiel übertriebenes Putzen oder intensives Mitarbeiten beim Hausbau, um zu zeigen, wie souverän man trotz Schwangerschaft ist, tut sich selbst nichts Gutes. Werdende Mütter kommen nicht umhin zu akzeptieren, dass ihre Leistungshaltung jetzt einfach nicht in die Situation passt und für ihr Baby nicht gefragt ist! Genießen Sie es also lieber, zumindest für ein paar Monate eine »Königin« zu sein, die auch dann und wann verwöhnt wird!

Spickzettel Schwangerschaft

- Sie haben ein Recht auf Ihre Gefühle. Lassen Sie sich nicht einreden, was Sie zu fühlen haben!
- Nehmen Sie permanente zwiespältige oder sehr negative Gefühle ernst, aber quälen Sie sich nicht damit! Sprechen Sie mit Vertrauenspersonen oder holen sich begleitend professionelle Hilfe!
- Fallweise auftretende Zweifel bedeuten nicht, dass Sie keine gute Mutter sein können, sondern sie gehören zur Schwangerschaft dazu. Auch Sie müssen sich erst zur Mutter entwickeln!
- Nehmen Sie Druck heraus, indem Sie sich wegen im Moment bestehenden Anforderungen nicht zusätzlich belasten!
- Das Wohl des Kindes steht über allem! Hören Sie auf Ihren Körper und vermeiden Sie Überengagement! Es spricht nicht für »Perfektion«, die Zeichen und Erfordernisse einer Schwangerschaft zu ignorieren!
- Genießen Sie Ihre neue Rolle und lassen Sie sich ruhig auch mal verwöhnen!

Geburt und die erste Zeit danach

Die Erwartungen an die Geburt sind recht unterschiedlich. Neben dem Wunsch, das Baby im Arm zu halten und ihm endlich die süße Babywäsche mit Spitzen und Rüschen anziehen zu können, treten auch weniger romantische Gedanken auf: die Angst vor der Geburt selbst, den Schmerzen, vor Komplikationen. Wie die Geburt tatsächlich wird, kann keiner wissen. Werdende Mütter schwanken zwischen Angst und freudiger Erwartung. Jede Frau ist froh, wenn die Geburt gut vorübergegangen ist und hat meist eine aufregende Geschichte darüber zu erzählen.

Perfektionsfalle: »Zu hohe Erwartungen an die eigene Mutterrolle«

Wenn die junge Mutter zu hohe Ansprüche an die Bewältigung der neuen Lebenssituation stellt und dem Leistungsprinzip folgen möchte, alles allein zu schaffen, tappt sie in die Falle. Die Gefahr liegt darin, sich mehr um die Erfüllung der »gesellschaftlichen Norm« zu kümmern als um die Geborgenheit für das Baby.

Leider laufen Geburten manchmal nicht so glatt: erschöpfende, schmerzhafte, überlange Geburtsvorgänge, Not-Kaiserschnitte, Frühgeburten und gesundheitliche Probleme des Kindes. Ein Teil der jungen Mütter erleidet bei der Geburt ein Trauma und bildet danach sogar eine Posttraumatische Belastungsstörung. Von einem Trauma sprechen wir dann, wenn das eigene Leben oder das Leben eines anderen gefährdet war. Es genügt also die Beobachtung einer lebensgefährlichen Situation, was sich umso gewichtiger auswirkt, je näher einem dieser Mensch emotional steht.

Die Bindung zwischen Mutter und Kind ist im ersten Lebensjahr eine Symbiose. Das bedeutet, dass das Baby die Mutter, aber die Mutter auch das Baby braucht. Deshalb ist es für junge Mütter extrem schmerzhaft, wenn sie ihr Baby aufgrund von Komplikationen nicht bei sich haben können.

Die Verarbeitung von Geburtskomplikationen wird zusätzlich erschwert, wenn die Frau das Gelingen der Geburt mit ihren eigenen Fähigkeiten in Zusammenhang bringt. Es entstehen dabei oft Schuld- und Versagensgefühle dem

Kind gegenüber und die Sorge, als Mutter nicht gut genug zu sein. Gefühle wie Trauer, Angst und Zweifel nach einer Geburt sind oft mit Scham verknüpft. Weil die Mutter aber laut mehrheitlicher Meinung der Gesellschaft glücklich zu sein hat, bringen Betroffene dies oft nicht zum Ausdruck. Es ist deshalb wichtig, dass nach der Geburt nicht nur das Befinden des Kindes, sondern auch das der Mutter beachtet und im Falle des Falles Hilfe bereitgestellt wird. Stützende Angehörige können ein wahrer Segen sein oder aber durch Unverständnis und Hilflosigkeit noch mehr Druck ausüben.

Es besteht die Gefahr, dass die gesamte Kraft dafür verbraucht wird, die Enttäuschung über sich selbst zu verarbeiten, anstatt sie für das Baby aufwenden zu können. Das Baby braucht die absolute Zuwendung und emotionale Wärme. Diese sollte unbedingt gewährleistet werden! Wenn es die Mutter aus verschiedenen Gründen heraus nicht kann, braucht sie Unterstützung aus ihrem Umfeld. Zu massiveren psychischen Problemen kann es nach der Geburt aber auch kommen, wenn bereits im Vorfeld solche bestanden haben.

Deshalb möchte ich an dieser Stelle darauf hinweisen, dass die fachliche Begleitung einer Schwangeren, durch einfühlsame Hebammen, Psychologen, Psychotherapeutinnen oder einem persönlich vertrauten Arzt etc. nach der Geburt zu empfehlen ist, um für Mutter und Kind den Start ins Leben zu erleichtern.

Im Fokus sollte stehen, dass die Frau ihrer Rolle als Mutter entsprechend nachkommen kann.

Spickzettel: Geburt und die erste Zeit danach

- Schwächen Sie sich nicht mit Selbstvorwürfen, ob sie nun gerechtfertigt sein könnten oder nicht! Das Einzige, was zählt, besteht darin, für das Kind körperlich, aber auch emotional da zu sein. Dafür brauchen Sie selbst keine Glücksgefühle, sondern lediglich die Aufmerksamkeit für das Kind, um auf seine Bedürfnisse unverzüglich zu reagieren!

- Die Art, wie die Geburt verläuft, entzieht sich unserem Einfluss und hat nichts mit der »Qualität« als Frau und Mutter oder der persönlichen Leistungsfähigkeit zu tun.
- Scheuen Sie sich nicht, professionelle Hilfe in Anspruch zu nehmen, wenn Sie sich nach der Geburt überfordert, traurig oder unsicher fühlen und Ihnen Angehörige die entsprechende Unterstützung nicht ausreichend geben können.
- Jede Geburt ist für Körper und Psyche Schwerstarbeit. Gestehen Sie sich also zu, auf jeder Ebene erholungsbedürftig zu sein und sammeln Sie Kräfte für Ihr Kind!
- Organisieren Sie bereits vor der Geburt die Unterstützung von den Menschen, die Sie bei sich haben wollen: Urlaub des Partners, Geschwister, Eltern, Schwiegereltern, enge Freunde oder auch die Hebamme Ihres Vertrauens.

Säuglingszeit: einfach da sein – die erzieherische Schonfrist für Eltern

»Mit kleinen Kindern ist es recht schwierig! Sie können halt nicht reden ...«, so die verbreitete Ansicht. Natürlich kann ein Baby nicht sagen, was und wo ihm etwas wehtut, was ärztliche Untersuchungen im Vergleich zu großen Kindern erschwert. In den »normalen« Alltagssituationen braucht es das aber auch gar nicht, da es für eine klare Rückmeldung an uns das kann, was es dafür braucht: Es kann schlafen, schauen, lächeln, strampeln, trinken und schreien. Mehr an Vokabular braucht es nicht, weil seine körperlichen und emotionalen Bedürfnisse überschaubar sind. Fühlt es sich wohl, ist es entspannt, fröhlich und gibt glucksende Laute von sich. Ansonsten vermittelt es uns lautstark, wenn ihm zu kalt oder zu warm ist, wenn der Bauch drückt oder die Schnupfennase quält, wenn es müde ist, die Windel voll ist und vor allem, wenn es Hunger hat.

Das Einzige, was zählt, ist die Geborgenheit des Kindes

Die Geburt ist überstanden und der neue Erdenbürger hat sein Zuhause besiedelt. Klingt einfach, was es auch sein kann, oder es ist höchst kompliziert. Liebevoll wurde das Kinderzimmer in der geschlechtsassoziierten Farbe ausgemalt und mit entsprechenden klischeehaften Bildern geschmückt. Aber das Baby beginnt regelmäßig zu schreien, wenn es in sein Bettchen gelegt wird und lehnt alle so perfekt und gut gemeinten Hilfsgegenstände ab. Die Nächte sind durchwacht, die Tage womöglich ebenfalls. Kettchen und Kügelchen gegen Blähungen oder anderen Wehwehchen kommen zum Einsatz. Es bewährt sich das Kirschkernsäckchen, das in der Mikrowelle aufgewärmt ein herrliches Massagemittel für Babys Bäuchlein darstellt. Der große Bruder ist nun doch nicht so erfreut über das Geschwisterchen und bockt häufiger als sonst. Gerne lärmt er gerade dann, wenn das Baby für ein paar Sekunden einen schlafähnlichen Zustand erreicht hat. Weg sind sie, die romantischen Vorstellungen darüber, ein Baby zu haben!

Die Absicht, alles richtig zu machen, aber es der eigenen Ansicht nach nicht zuwege zu bringen, macht so manche Mütter traurig. Sie fühlen sich als Versagerinnen, weil sie nicht stillen können, haben Angst, dem Kind nicht das zu geben, was es braucht, fühlen sich aufgrund der verschiedenen Meinungen verunsichert und haben bestimmte Erwartungen an das Verhalten des Babys. Was können wir also tun, um dem Kind all das zu geben, was es braucht?

Die einzige, dafür aber umso wichtigere Entwicklungsaufgabe besteht darin, zuverlässige Wärme und Geborgenheit zu vermitteln, die Voraussetzung für die Ausbildung des Urvertrauens. Weint das Baby, soll es hochgenommen, gefüttert, gewickelt oder einfach geschaukelt werden. Es gibt in diesem Alter keine Erziehung, kein Verwöhnen, kein Austricksen oder gegenseitiges Ausspielen der Eltern! Es lernt, dass es Geborgenheit erfährt und dass unangenehme, schmerzhafte Zustände wie Hunger, Müdigkeit, Nässe etc. unverzüglich beseitigt werden. So bekommt der kleine Mensch vermittelt, dass die Welt, in die es hineingeboren wurde, gut ist und entwickelt Vertrauen, dass es dies weiterhin erwarten kann.

Perfektionsfalle: um jeden Preis der »Gesellschaft« entsprechen wollen

Was ist aber nun mit den nicht erfüllten perfekten Vorstellungen einer Spontangeburt oder des Stillens? Wirkt sich das nicht auf die Mutter-Kind-Beziehung aus? Sicher ist eine glatt verlaufende Spontangeburt das Beste für Mutter und Kind. Auch gestillt zu werden ist für das Baby in der Regel das Beste, da die Muttermilch zum Baby passt, alles Nötige enthält und viele Arbeitsschritte der Mutter erspart bleiben. Aber das Stillen selbst garantiert weder eine perfekte Mutter-Kind-Beziehung oder lebenslange Gesundheit noch ist es bei der Fläschchennahrung automatisch um die Mutter-Kind-Beziehung geschehen. Wenn eine verunsicherte Mutter darüber klagt, dass das Stillen nicht klappt, belastet dies ein Baby ungleich mehr, als dem Kind in aller Ruhe in einer Atmosphäre der Sicherheit und Geborgenheit zeitgerecht das Fläschchen zu geben. Denn arrangieren sich die Eltern mit der Situation und bleiben ruhig, sind es auch die Babys! Nur weil die Geburt und die Säuglingszeit nicht ganz so rund und nach den Vorstellungen gelaufen sind, ist nicht alles schiefgegangen. Und selbstverständlich ist keine Mutter deshalb eine Versagerin! Es ist nur einfach anders (!) gelaufen, eine Tatsache, mit der wir im Leben mit unseren Kindern immer wieder konfrontiert werden.

Gefallen Sie Ihrem Kind!

»Gib ihm doch den Schnuller, du kannst das Baby doch nicht immer stillen, wenn es schreit! Das ist ja jetzt schon total fett! Na, der kommt sowieso ganz nach seinem Vater!«, »Nein, bloß keinen Schnuller, sonst wachsen die Zähne schief und das Abgewöhnen ist dann ein Drama!«, »Bloß kein Schnuller, sonst wird das Kind später ein Raucher, ein Alkoholiker, ...«, »Lauf doch nicht immer gleich, wenn er weint! Du wirst sehen, der tanzt dir bald auf der Nase herum!«, »Setze es auf den Topf, auch wenn es nicht muss, damit es sich daran gewöhnt!«, »Wickle nicht gleich, sonst wird es viel später sauber!«, »Hier, ein Laufwagen! Damit kann das Baby sich bald selbstständig fortbewegen.«

Das sind alles Probleme, die an der Oberfläche kratzen und in Wahrheit nicht ins Gewicht fallen. Deshalb sollten sich junge Eltern dahingehend entlasten, indem sie sich mit der einen, wirklich fundamentalen Entwicklungsaufgabe auseinandersetzen und erfüllen.

Wichtig ist somit Ihre Beziehung zum Kind und dass Sie ihm die Sicherheit und das Vertrauen entgegenbringen, damit es sich entsprechend entwickelt. Ist das Kind gesund, dürfen Sie der Entwicklung freien Lauf lassen. Das Kind wird laufen lernen, wenn es körperlich so weit ist und es wird sicher irgendwann die Toilette benutzen! Wenn Sie es stillen, dann stillen Sie, oder eben nicht, wenn Sie einen Schnuller wollen, verwenden Sie ihn, oder auch nicht, wenn Sie es täglich oder nur einmal pro Woche baden, dann tun Sie das so, wie

Sie möchten, aber tun Sie alles *aus Überzeugung!* Aber natürlich nicht nur aus einem Gutdünken heraus, sondern aufgrund klarer, fundierter medizinischer Informationen.

Zugegeben: Es ist nicht immer leicht, unangenehmen Äußerungen richtig zu begegnen oder diese zumindest auszuhalten. Aus eigener Erfahrung kann ich Ihnen Folgendes erzählen: Ich hatte mich dazu entschlossen zu stillen, was ausnehmend gut funktionierte. An Milch gab es keineswegs Mangel und mein Sohn trank schnell und viel. Ich konnte nicht verstehen, dass andere Mütter oft eine Stunde mit dem Stillen verbrachten, da mein Sohn dies in ein paar Minuten erledigte. Er nahm rasch und viel zu. Soll ein Baby mit einem halben Jahr sein Geburtsgewicht verdoppelt haben, schaffte er dies in drei Monaten. Der Kinderarzt beruhigte mich und erklärte mir, dass gestillte Kinder in den ersten Monaten viel zunehmen und später weniger. Bei »Flaschenkindern« verlaufe die Gewichtskurve andersherum: Sie nehmen zuerst weniger und später mehr zu, weshalb sie am Ende des ersten Lebensjahres das gleiche Gewicht haben. Wird das hohe Gewicht mit Muttermilch erreicht, mache das nichts aus. Mit dieser Information ausgestattet, wichen die Zweifel und ich hielt es besser aus, wenn mich fremde Frauen auf der Straße auf mein Baby ansprachen: »Na, du siehst aber sehr gut aus! Dir schmeckt es wohl ein bisschen zu gut, nicht wahr? Musst der Mama sagen, dass sie dir nicht so viel zu essen geben soll!« Das fühlten sich manche bemüßigt zu sagen. Ärgerlich, aber ich wusste ja, was ich tat. Die Vorhersage des Kinderarztes traf übrigens zu: Die Gewichtskurve pendelte sich noch gegen Ende des ersten Lebensjahres ein. Heute ist mein Sohn ein schlanker, kräftiger Jugendlicher.

Das Baby braucht Eltern, die sich nicht permanent selbst anzweifeln, sondern welche, die trotz veränderter Umstände wie ein »Fels in der Brandung« stehen. Deshalb ist es günstig, sich bei der Versorgung eines Babys abzuwechseln, da niemand immer souverän sein kann. Wenn Sie darauf achten, dem Kind das zu geben, was es braucht, handeln Sie verantwortungsbewusst. Ob Sie nun fremde Hilfe benötigen oder nicht, ist absolut zweitrangig!

Spickzettel: Säuglingsalter

- Die Erfüllung der Grundbedürfnisse nach Geborgenheit und Sicherheit, die für eine vertrauensvolle Bindung (»Urvertrauen«) sorgt, fällt vergleichsweise einfach aus, da es noch keine Erziehung gibt!
- Das Einzige, was in dieser Entwicklungsphase zählt, ist die Geborgenheit, die wir unserem Kind geben. Wenn es weint, nehmen wir es hoch, füttern es, wiegen es ... alles andere ist nebensächlich! Haarsträubende Regeln wie die, ein Baby »schreien zu lassen«, sollten der Vergangenheit angehören.
- Es ist völlig irrelevant, ob Sie alles allein checken oder sich helfen lassen. Hauptsache ist, das Kind bekommt, was es braucht!
- Babys wollen uns nicht ärgern oder tyrannisieren und sie sind nicht imstande, uns auszutricksen. Babys können nur liegen und schreien! Sie sehen kaum etwas, verstehen nicht, was um sie herum passiert, sie können sich nicht versorgen – ein für uns unvorstellbarer Zustand von Abhängigkeit! Hunger, Kälte, Schmerzen bedeuten gerechtfertigt Todesangst! Deshalb müssen wir unverzüglich (!) versorgend zur Stelle sein, wenn das Baby weint oder sonstige Nöte hat.
- Als Mutter, als Eltern, geht es nicht darum, die Wohnung perfekt geputzt zu haben und täglich ein »Fünf-Gänge-Menü« auf den Tisch zu stellen, sondern ein entspanntes Klima für Ihre junge Familie zu ermöglichen.
- Lassen Sie sich im Falle eines Krankenhausaufenthalts mit dem Kind aufnehmen, da auch die beste Versor-

gung des Personals die Ängste des Kindes nicht abfangen kann.

- Urvertrauen ist das »Fundament« der psychischen Entwicklung und die Voraussetzung für das Vertrauen in andere Menschen und in das Leben selbst!

Kleinkinderzeit – wenn Kinder in allem schneller sind, als man denkt

Ist mit dem ersten Geburtstag des Sprösslings die Baby-Zeit vorbei, sprechen wir bis zur Schulreife von »Kleinkindern«. Diese niedlichen, vor sich hin holpernden und brabbelnden Wesen mit betörendem Augenaufschlag schaffen es, trotz diverser »kreativer« Einfälle, dass wir ihnen nicht oder nicht lange böse sein können. Ihre Entwicklungsaufgaben sind vielfältig, Entwicklung der Grobmotorik, also Laufen lernen, der Feinmotorik, zeichnen, basteln, Spracherwerb und natürlich der Ausbau des Kontaktes zu seiner Umwelt. Ist das Baby auf seine engsten Bezugspersonen beschränkt, kann sich das Kleinkind schon selbstständig fortbewegen und somit auf andere Menschen zugehen.

Sehr interessant ist die Welt für Kinder dieses Alters und lädt ein zu experimentieren. Es ist diese unermüdliche Neugier, die wir später an uns oder auch an unseren pubertierenden Kindern vermissen. Kleinkinder finden alles interessant und verfolgen hartnäckig ihre Ziele. Unglaublich, was sie alles schaffen! Die Dame an der Kassa eines Supermarktes überließ meinem kleinen Sohn eine Flasche, bevor sie diese verrechnet hatte. »Nein, die darf er ruhig halten! Da passiert schon nichts, die ist ja ganz fest zu!«, dachte sie! Mein Sohn, der damals eine Faszination für Flaschen hatte, die er dazu noch gerne am Boden drehte, kam dies gerade recht ... und schwupps, war sie auch schon offen. Das verdutzte Gesicht der Verkäuferin können Sie sich vorstellen!

Perfektionsfalle: »Roter Teppich für das Kind«

Eltern versuchen über ein gewisses Ausmaß hinaus, dem Kind die optimale Entwicklung zukommen zu lassen. Dabei kann es passieren, dass nichts gut genug ist und das Kind womöglich vermittelt bekommt, ein außergewöhnliches »Elite-Dasein« zu führen: Bereits in dieser Phase laufen Eltern Gefahr, aus ihrem Kind ein »Wunderkind« zu machen, damit es einerseits seine Talente möglichst gut entfalten kann und es andererseits die beste aller möglichen Unterhaltungen bekommt.

Wie immer spielen das Ausmaß und die Art und Weise eine wesentliche Rolle: Sämtliche Angebote an Frühförderung werden genutzt, ob das Kind bereits etwas damit anfangen kann oder nicht. Im Kindergarten läuft der Wettkampf, wer die tollsten Geburtstagsfeiern auf Burgen, Schlössern oder an anderen Eliteorten organisiert. Für Kinder ist dieser gehobene Standard schließlich völlig normal und es stellt sich die Frage, ob es dann für die Kinder überhaupt noch Steigerungen gibt, die diese von uns so sehr geliebten, so entzückenden, glänzenden Kinderaugen hervorrufen können. Vielleicht finden die Kinder aber ganz andere Dinge »cool«? Gerade hier ist zu hinterfragen, was das Kind tatsächlich braucht und nicht das, was wir als Eltern mit einer noch extravaganteren Geburtstagsparty oder anderen Belangen repräsentieren wollen!

Die nachhaltige Folge von perfektionistischen Bemühungen kann sich bei Kindern in einer erschreckenden Passivität äußern, da sie sich kaum um eigene Ideen bemühen müssen. So lernen sie, in ihrer Freizeit auf die entsprechende Animation zu warten.

Entwicklungsaufgaben und Grenzen in der Lebensphase des Kleinkindalters

Bereits im Kleinkindalter gibt es vielfältige Entwicklungsaufgaben, weshalb auch die Anforderungen für Eltern komplexer werden. In der Baby-Zeit ging es lediglich darum, das Kind zu füttern, zu wickeln, zu beruhigen, mit ihm einfach zu spielen, es zu liebkosen, selbst etwaige verkürzte Nächte auszuhalten und ein beanspruchtes Bäuchlein zu massieren. Mit etwa achtzehn Monaten ist es vorbei mit der erzieherischen Schonfrist für die Eltern!

Viele Zäune lassen sich ja ein wenig verbiegen oder man kann mit der Hand durchschlüpfen. Genau das versuchen unsere Kinder ab nun bei uns: Wann und wo ist also wirklich Schluss?

»Nein, du darfst die Katze nicht am Schwanz ziehen/ dich in das Katzenklo setzen/ Blumen ausreißen, aber dafür sollst du Zähneputzen/die Schuhe für den Garten anziehen und nicht mit den Socken in die Sandkiste gehen.« »Nein, im Supermarkt darfst du nicht einfach einen Apfel nehmen und hineinbeißen, komm, leg ihn wieder zurück, der gehört dir nicht!«, »Nein, du darfst deinem großen Bruder nicht den Turm umwerfen und auch nicht seine Stifte zerbeißen ...« Das ist die Zeit, in der wir Eltern für Kinder oft zu »Ungeheuern« mutieren, weil es so neu ist, dass wir nicht alles durchgehen lassen. Wie schön war doch die Baby-Zeit! Der Neid auf das kleine Geschwisterchen, das schreien darf, wann es will und auf das noch dazu Rücksicht genommen werden soll, ist wohl verständlich.

Neue Erziehungsaufgaben warten auf uns, die viel Gefühl und Diplomatie von uns fordern! Wie wichtig es ist, dass Partner dabei an einem Strang ziehen, ist nachvollziehbar.

So wie Pferde und Hunde uns testen, ob wir für die nötige »Alpha-Position« taugen, tun dies auch unsere Kinder! Das Pferd braucht seine Leitstute, der Hund seinen Alpha-

Wolf, weshalb auf der Koppel wie im Rudel permanent gecheckt wird, ob das Führungstier (noch) den Schutz bieten kann, auf den die Gruppe angewiesen ist. Auch bei Lama-Wanderungen müssen wir zeigen, wer den Ton angibt, sonst geht das Lama mit uns, statt umgekehrt! Deshalb reicht es nicht, sich an einem Pferd mit aller Kraft festzukrallen oder sich von einem Hund an der Leine durch die Gegend zerren zu lassen. Wenn wir gute Zeit mit diesen Tieren verbringen wollen, müssen wir unsere Führungsposition ebenso unter Beweis stellen wie ihre Artgenossen. Dafür gibt es Reit- und Hundeschulen.

Kinder unterscheiden sich dabei lediglich in ihrer kreativen Form des Austestens. Eine Mutter erzählt: »Seit einigen Tagen fordert mich unsere dreijährige Tochter ganz schön heraus! Sie provoziert richtig und stellt mich offenbar auf die Probe: Sie schluckt die Zahnpaste bewusst, lässt nach dem Händewaschen das Wasser laufen, spuckt in der Wohnung auf den Boden und bläst zusammengekehrten Staub wieder auseinander. Nach so einer Aktion betrachtet sie mich interessiert!«

Kleinkinder erleben nicht nur Grenzen, sondern entdecken auch ihren Willen, den sie für ein selbstständiges Leben brauchen. Deshalb ist es wichtig, dass Kinder in manchen Bereichen »gewinnen« dürfen, um ihren Willen nicht zu brechen. In anderen Bereichen sollten die Grenzen aber völlig klar sein. So darf das Kind entscheiden, welche Kinderzahnbürste es lieber hat, Zähneputzen selbst muss aber sein und entzieht sich jeder »Verbiegung des Zaunes«. Da sind wir lediglich gefordert, das Zähneputzen für das Kind so attraktiv wie möglich zu gestalten.

Besonders wichtig ist, wie bereits erwähnt, dass die Reaktionen der Eltern prinzipiell nicht wie aus dem »Zufallsgenerator« entstehen und das Kind sich orientieren kann, da die Vertrauensbasis sonst darunter leidet.

Tests werden ab nun in jedem Alter an uns Eltern durchgeführt. Es ist ein schönes Stückchen Macht, die Eltern auf Knopfdruck ärgerlich, genervt oder freudig stimmen zu können!

Für den entsprechenden Umgang gilt, trotz einer Portion Ärger souverän zu bleiben, da es einerseits spaßig, andererseits aber verunsichernd ist, wenn Eltern selbst wie tanzende Derwische versuchen, die Irritationsbemühungen des Kindes abzufangen. Hilflosigkeit kommt bei Kindern nicht gut an! Versuchen Sie also, Ihre Gefühle als »normal« anzunehmen und darauf zu vertrauen, dass Sie den richtigen Trick entdecken werden, mit dem Sie wieder Oberhand bekommen. Wenn wir als Erwachsene versuchen, jemanden auf die Palme zu bringen und der Betroffene lässt sich zu sehr provozieren, schieben wir ihn rasch in die Schublade für »Schwache«, mit denen man alles machen kann! Wie schnell bremsen wir uns aber ein, wenn der andere unsere Irritationsversuche mit ein paar souveränen Worten konfrontiert, statt uns anzuschreien oder es uns mit Krampf recht machen zu wollen?

Für eine ausgeglichene Persönlichkeit: der Umgang mit starken Gefühlen!

Alle Erfahrungen, die Kinder machen, sind mit turbulenten Gefühlen verbunden. Wütendes Schreien, weil das »Nein« der Eltern so wehtut oder die Forderungen, Dinge zu tun, die es gar nicht tun will, erzeugen einen regelrechten Wirbelsturm in der noch so jungen Gefühlswelt des Kindes. Und darin liegt gleich die nächste Entwicklungsaufgabe: Neben der Tatsache, dass es beginnt, Grenzen zu akzeptieren, setzt nun auch der Lernprozess des Kindes ein, mit den eigenen, heftigen Gefühlen umzugehen. Statt zu brüllen und jemanden zu schlagen, Dinge kaputt zu werfen oder gar jemanden zu beißen, sollen im Laufe der Zeit akzeptable Alternativen gelernt werden. Die »Emotionsregulation« ist eine große Herausforderung. Kinder sollten in der Bewältigung solcher Situationen von den Eltern unterstützt werden, anstatt Wutanfälle als »Katastrophe« mit Strafen eindämmen zu wollen oder sie als »Phase« abzutun, die schon vergehen wird. Immerhin gibt es Erwachsene, die ebenso ihren Impulsen freien Lauf lassen und andere schlagen, beschimpfen oder lediglich Türen zuknallen können. Es ist nicht gerechtfertigt, dem Kind auf Dauer massive Gefühlsausbrüche einfach durchgehen zu lassen, weil Papa oder Mama auch immer so waren und es außerdem das dafür verantwortliche »Sternzeichen« hat! So eine Haltung hilft weder dem Kind noch seinen Eltern! Genau hingeschaut sehen wir, dass Kinder nach Affektdurchbrüchen recht müde und ausgelaugt sein können. Auch Erwachsene fühlen sich meist nicht sehr wohl, nachdem sie so richtig ausgerastet sind. Es muss nicht immer alles »einfach nur raus«, damit es uns besser geht, sondern es braucht Lösungen oder eben die Fähigkeit, eine ungewünschte, unveränderbare Situation auszuhalten. Das einfache Abreagieren und grenzenlose »Rauslassen« fördert cholerische Reaktionen in der Zukunft aufgrund des kurzfristigen innerlichen Druckabfalles.

Natürlich kann es sein, dass der Wutanfall sofort weicht, wenn das Kind das bekommen hat, was es möchte. Dann hat es gelernt, was zu tun ist, um sicher an eine begehrte Sache heranzukommen. Warum soll es also mit seinen Wutanfällen aufhören, wenn es damit Erfolg hat? Dem »Tyrannen« ist der Weg geebnet!

Die Basis für die Entwicklung ist also auch in diesem Bereich, wie tragfähig die Bindung zwischen Eltern und ihren Kindern ist, die Vertrauen und Geborgenheit gewährleistet. Deshalb ist es so wichtig, verschiedenste Schlüsselsituationen zu nützen, um das Kind fühlen zu lassen, dass wir zu ihm stehen.

Eine Mutter erzählt dazu: »In der Phase der Eingewöhnung meines Sohnes in den Kindergarten habe ich zufällig mitbekommen, wie eine Helferin M. zweimal aufgefordert hat, mit dem Weinen aufzuhören. Nach dem zweiten Mal hat er dann mit tränenerstickter Stimme ›ja‹ gesagt und aufgehört. Er stand unglücklich im Waschraum, mit Stofftier und Schnuller im Arm. Er hätte eigentlich Ansprache, Trost und Beziehung zu einem Erwachsenen gebraucht. Und was hat er bekommen? Er sollte sein Gefühl unterdrücken und kontrollieren, anstatt der Helferin die Ohren vollzuheulen. Ich war entsetzt und habe sofort mit der Kindergärtnerin gesprochen, die die Situation nicht mitbekommen hat. Ich teilte ihr mit, dass ich so eine Reaktion nicht akzeptiere und dieser Umgang mit Kindern heute wirklich nicht mehr zeitgemäß ist. Kinder müssen in ihren Gefühlen ernst genommen werden. Weinen sollte als das wahrgenommen werden, was es ist: nämlich die Ausdrucksmöglichkeit eines Kindes, das gerade einen Trennungsschmerz durchmacht. Die Kindergärtnerin war ganz auf meiner Seite und hat sofort mit ihrem Team darüber gesprochen. Das Thema wurde richtig abgehandelt und ist sogar bis zur Leiterin vorgedrungen, mit der ich ein langes, sehr gutes Gespräch, von Kollegin zu Kollegin – auch ich bin Kindergärtnerin und Pädagogin –, führen konnte. Es wurde als sehr wichtig angesehen, dass solche Themen aufgegriffen werden, da sich auch im noch so bemühten Kindergartenalltag ungünstige Gewohnheiten einschleichen können. Mein Sohn bekam Teile der Gespräche mit, was ich insofern gut fand, als er bemerkte, dass ich hinter ihm stehe und ihm den Rücken stärke.«

Tatsächlich sind es genau solche Erlebnisse, die uns von klein an stark prägen und uns zeigen, ob wir in der Regel gut genug beschützt werden oder nicht.

Der Stellenwert der Sprache

Im Kleinkindesalter nimmt die Entwicklung der Sprache einen zentralen Stellenwert ein. Als Menschen verfügen wir im Gehirn zwar über ein eigenes Sprachzentrum, das jedoch von der Umwelt einen Anreiz braucht, um sich zu entfalten.

Ein gutes Sprachniveau fördert die Entwicklung sozialer Fertigkeiten. Je früher und differenzierter ein Kind lernt, sich sprachlich auszudrücken, umso eher ist es imstande, seine Bedürfnisse klar mitzuteilen. Denn es besteht zweifellos ein prägender Unterschied, ob das Kind vermitteln kann, dass es lieber den roten Stift statt den blauen haben will, was es spielen will, was nicht und wer ihm wann wo was weggenommen oder wehgetan hat, oder ob es sich nicht auszudrücken vermag. Kann es sich nicht altersentsprechend mitteilen, ist der nächste Wutanfall vorprogrammiert oder es zieht sich zurück. Wenn das Kind mit seinen Anliegen ernst genommen wird, erlebt es, dass es selbstständig so manche seiner Ziele erreichen kann. Das wiederum ist das beste Mittel gegen Hilflosigkeit und nährt damit das prinzipiell vorhandene Bedürfnis, immer selbstständiger zu werden.

Kinder brauchen Kinder

Der Kontakt zu ihresgleichen ist für Kinder nicht zu ersetzen. Im Umgang mit Gleichaltrigen lernen sie sehr früh, sich in eine Gruppe einzugliedern, zu teilen, sich abzugrenzen, aber sich auch durchzusetzen, sich gegenseitig zu helfen oder Hilfe annehmen zu können – mit einem Wort: Kinder brauchen Kinder für die Entwicklung sozialer Fertigkeiten, die wichtiger sind als jede Schulnote der Welt. Ob Einzel- oder Geschwisterkinder, Kontakte zu ihresgleichen sind unverzichtbar. Neben dem Kindergartenprogramm sind gegenseitige Einladungen zum ungezwungenen Spiel eine einfache, aber wirksame Möglichkeit. Versuchen Sie, offen für neue

Kontakte zu sein. Auch wenn Sie eine große Familie mit vielen Cousins und Cousinen haben, ist es förderlich für das Kind, immer wieder mit bislang unbekannten Kindern Kontakt herzustellen.

Um nicht dem Faustrecht Vorschub zu leisten, gilt es, das entsprechende Ausmaß an Einfluss im Falle von Konflikten auszuloten. Ganz sicher ist es richtig, sich nicht bei den kleinsten Ungereimtheiten zwischen Kindern tatkräftig einzumischen. Es geht immer darum, die nötige Hilfe zur Selbsthilfe anbieten zu können. Extreme sind selten förderlich. Jedoch finde ich es auffällig, dass unter Eltern häufig die Meinung vertreten wird, dass Kinder ihre Konflikte *prinzipiell* selbst regeln sollen – und zwar ungeachtet ihres Alters und der Situation. Dem kann ich keineswegs beipflichten, da die Konfliktfähigkeit zur hohen Schule der Kommunikation gehört. Vermutlich ist es so, dass viele Erwachsene diese Königsdisziplin nicht ausreichend beherrschen, was eine entsprechende Unterstützung der Kinder diesbezüglich erschwert. Wie oft schweigen Erwachsene Konflikte tot, reden um den heißen Brei herum, beschuldigen sich gegenseitig, schreien einander an oder sind einfach sehr schnell beleidigt. Die Rache folgt schließlich auf dem Fuße: Ausgrenzung, Verleumdung, Verrat und vieles mehr. Deshalb ist es natürlich am »einfachsten«, die Kinder sich selbst zu überlassen. Tatsächlich brauchen Kinder aber gerade im Fall von Konflikten oder Entscheidungen, die für jeden vorteilhaft ausfallen sollen, Unterstützung von einfühlsamen Bezugspersonen.

Als ich mit meinem knapp dreijährigen Sohn in einem Kaufhaus unterwegs war, besuchte ich mit ihm die Spielzeugabteilung. Dort stand eine Holzeisenbahn, mit der er gerne spielte. Er setzte sich hin, hängte an die Lok noch einen Waggon und war in sein Spiel vertieft. Ich schaute mich im Umkreis von ein paar Metern um. Da näherte sich eine Mutter mit ihrem ungefähr gleichaltrigen Sohn. Er setzte sich zur Lok und deutete, dass er auch mit dem Zug spielen wolle. Mein Sohn teilte seinen Zug und gab dem Buben, ohne zu zögern, den Waggon. Als sich mein Sohn für ein paar Sekunden wegdrehte, weil ihn etwas ablenkte, näherte sich der Bub und schnappte meinem Sohn die Lok weg und hängte sie seelenruhig vor seinen Waggon. Mein Sohn blickte ihn entgeistert an. Ich wartete kurz, was nun mein Sohn tun würde. Die Mutter dieses Buben verzog keine Miene und sah ihrem Sohn zu. Mein Sohn ging schließlich zu dem Buben hin und sagte, dass er seine Lok wiederhaben wolle. Der Bub reagierte nicht und so nützte mein Sohn einen unachtsamen Moment, um ihm die Lok wieder wegzunehmen. Da schnappte der Bub den Waggon und schlug ihn meinem Sohn auf den Kopf, der natürlich zu weinen begann. Die Mutter blieb unberührt. Nun war es mir eindeutig zu viel und ich stellte die Frau zur Rede. Mein Sohn habe mit ihrem geteilt und jetzt das? Ich hätte mir erwartet, dass die Mutter ihr Kind selbst zurechtweist und es dazu auffordert zu teilen, somit die Lokomotive zurückzugeben und gemeinsam mit meinem Sohn mit dem Zug zu spielen. Sie meinte unbeeindruckt, dass ihrem Sohn der Waggon nicht gefallen und er sich deshalb die Lok genommen habe. Mein Sohn habe eben Pech, wenn er sich nicht durchsetzen könne. Da diese Mutter ihren Sohn nicht zurechtwies, ging ich zu ihm hin und sagte: »Du, das ist nicht in Ordnung! Du darfst meinen Sohn nicht schlagen und du darfst ihm auch nicht die Lok wegnehmen!« Er gab sie mir dann, bevor seine Mutter ihn an der Hand nahm, um den Platz zu verlassen. Es wäre im Grunde ganz einfach gewesen, die Situation gemeinsam positiv aufzulösen, hätte die Mutter kooperativ reagiert. So konnte mein Sohn noch ein wenig mit dem Zug spielen.

Was wäre wohl gewesen, hätten die Kinder den Konflikt allein geregelt? Wie sollen Kinder den sozialen Umgang miteinander lernen, wenn wir ihnen das nicht beibringen?

Schreiten Sie dort ein, wo das Kind die Grenzen anderer überschreitet oder wo die eigenen Grenzen überschritten werden.

Geben Sie dem Kind das Gefühl, dass es selbst in Ordnung ist und mit jeder Erfahrung dazulernt – auch wenn es sich gerade ungünstig verhalten hat: »Das war jetzt nicht okay – das nächste Mal machst du es anders!« Auch das ist ein sicheres Zeichen für das Kind, dass Sie hinter ihm stehen.

Kreativität beim Lösen von Aufgaben fördert die Selbstständigkeit

Um den Weg in Richtung Autonomie voranzutreiben, brauchen Kinder die Möglichkeit dazuzulernen. Gerade in diesem Alter wollen Kinder ihren Eltern, aber auch anderen Erwachsenen mit dem, was sie können, gefallen. Sie sind stolz auf alles, was sie von Babys unterscheidet.

Wie bereits erwähnt, wird die Entwicklung zur Selbstständigkeit dadurch unterstützt, verschiedene Lösungswege für die Erreichung eines Zieles zu versuchen. Kurz, Menschen brauchen Ideen! Deshalb ist Kreativität nicht auf Aktivitäten wie Malen und Basteln beschränkt. Schon sehr früh wird Kindern vorgegeben, was richtig und was falsch ist. Im Vordergrund steht bald die Fähigkeit, etwas Vorgegebenes möglichst perfekt nachzuahmen. Auch wenn das unumgänglich ist, um verschiedene Fertigkeiten wie Lesen, Schreiben und Rechnen zu erlernen, sollte es auch einen Freiraum geben, in dem Kinder produktiv sein können. Dies fördert die geistige Wendigkeit und Flexibilität, die das Kind wiederum dazu ermutigen können, Dinge selbst auszuprobieren.

Spickzettel: »Kleinkinder« (»Frühe Kindheit«)

Zum Umgang mit Grenzen und Wutanfällen:

- Versuchen Sie im Falle von Wutanfällen, die Situation zu entschärfen! Wenn das Kind schon brüllt und stampft, hilft es wenig, selbst ebenfalls zu brüllen. Wenn Zähneputzen nur mit Zwang funktioniert, durch festhalten, und es ein tägliches Drama wird, gilt es zu überlegen, wie es angenehmer verlaufen kann. Die kreative Problemlösefähigkeit von Eltern ist hier gefragt!
- Nehmen Sie Beschimpfungen des Kindes nicht persönlich! Es kann noch nicht einschätzen, was Hass wirklich bedeutet. Auch hat es keine Vorstellung vom Tod. »Ich hasse dich und ich möchte, dass du tot bist«, klingt dramatisch, weil auch die Gefühle des Kindes stark sind und es damit nicht umgehen kann.
- Dies bedeutet jedoch nicht, sich einfach weiterhin beschimpfen zu lassen. Besprechen Sie es deshalb mit dem Kind altersentsprechend, wenn es sich wieder beruhigt hat, wie es sich sonst noch ausdrücken könnte – z.B.: »Wir hatten vorhin deshalb Streit. Weißt du noch, was du gesagt hast? Was wäre besser gewesen? Wie könntest du das anders sagen?« So fördern Sie zusätzlich Sprache und Ausdruck.
- Meist empfiehlt es sich, eine kindlich wuterfüllte Situation zu unterbrechen, wie z.B. den Supermarkt, die Feierlichkeit oder die Kirche bei Wutanfällen kurz zu verlassen. Draußen kann sich das Kind beruhigen. Wichtig ist, dass wir Eltern die Gefühle des Kindes ernst nehmen, aber uns nicht durcheinanderbringen lassen. Das Kind soll spüren, dass wir die Situation im Griff haben und wissen, was wir tun.
- Lassen Sie sich nicht schlagen oder das Kind Dinge kaputtmachen, um die Wut »herauszulassen«. Es ist besser, mit dem Kind in einen Extraraum zu gehen, wo es sich in einem geschützten Umfeld beruhigen kann und räu-

men Sie wertvolle Gegenstände aus der Reichweite des Kindes. So vermeiden Sie zusätzliche Eskalation. Ziel ist, dass das Kind lernt, sich zu beruhigen. Bleiben Sie selbst möglichst souverän, reden Sie dem Kind gut zu, wobei weniger mehr ist: »Ist schon gut, beruhige dich ... *Nein*, nicht schlagen ... beruhige dich ... ist schon okay ... geht es besser?« Jeder Wutanfall hört irgendwann auf! Bleiben Sie ruhig, wird sich das Kind leichter und rascher beruhigen und fühlt sich dadurch nach seinem »Kontrollverlust« in Sicherheit.

- Entscheiden Sie darüber, was sein muss und wo das Kind gewinnen darf. Kleinkinder neigen oft zu beinahe zwanghaftem Verhalten: Beispielsweise wollen Kinder, dass es bei Märchen keinerlei Abwandlungen gibt. Jedes veränderte Detail stört sie und wird von ihnen bemängelt, was auch sein darf. Problematisch wird es, wenn Kinder nur daheim das WC benützen oder nur dann, wenn genau das WC-Papier vorhanden ist, das sie wollen. Der Gang aufs WC muss sein – auch anderswo. Kinder, die lernen, ihre Eltern durch dramatisches Auftreten in Schach zu halten, wechseln später lediglich das Thema, laufen aber Gefahr, auch weiterhin den Ton anzugeben und sich selbst einzuschränken.
- Oppositionelles Verhalten von Kindern wird leider oft mit besonderer intellektueller Begabung oder ausgeprägtem Selbstbewusstsein verwechselt und wird deshalb von Eltern manchmal zu Unrecht toleriert. Der übermäßige Widerstand des Kindes ist angelernt und kein Anzeichen für Genialität!
- Beziehung ist das Wichtigste. Deshalb ist es unumgänglich, die Kinder immer wieder den Schutz und den Rückhalt in den größeren oder kleineren Alltagssituationen zuverlässig spüren zu lassen – eben auch nach einem Wutanfall, ohne diesen zu belohnen!

Zur Förderung von Selbständigkeit:

- Lassen Sie das Kind z.B. sich bald selbst anziehen. Dabei können Sie damit beginnen, das Kind den letzten Schritt selbst ausführen zu lassen. Z.B. den Pulli am Ende über den Kopf ziehen, die Masche am Schuh festziehen etc. Gelingt das, können Sie einen Schritt hinzufügen. So kann es probieren, wie es am besten geht.
- Malbücher, Lego, Puzzles sind wertvolles Material, jedoch sollte es nicht nur bei vorgegebenen Spielen bleiben. So bieten sich Basismaterialien an, die nach eigenem Gutdünken und altersentsprechend verarbeiten werden können: Geschenkpapier, Filz, Holzstäbe, Klebstoff, Fäden, bunte Steine etc. Auch Tonmassen, die nicht gebrannt werden müssen, und Fingerfarben sind äußerst beliebt. Damit wird die Fantasie angeregt und somit die Fähigkeit gefördert, eigene Vorstellungen auf kreative Weise zu realisieren. In späteren Entwicklungsphasen ist es gut, ebenfalls auf die freie Form des Gestaltens zu achten, um einer allgemeinen Ideenlosigkeit entgegenzuwirken.
- Fördern Sie den sprachlichen Ausdruck, indem Sie mit dem Kind entsprechend reden und über Erlebtes erzählen lassen und es auch selbst tun. Lassen Sie das Kind sehr bald selbst sein Gebäck im Geschäft verlangen etc.!

Schulzeit – wenn Kinder und Eltern die Schulbank drücken

Die Schulzeit (»mittlere Kindheit« und beginnendes Jugendalter) könnte, kritisch formuliert, als die Zeit bezeichnet werden, in der aus »Wunderkindern« ganz »normale« Kinder werden, die sich nach der »Schultüten-Euphorie« besser oder schlechter an die neuen Gegebenheiten anpassen.

Im Alter von etwa sechs Jahren verändert sich das Kleinkind zum Schulkind. Körperlich setzt der Zahnwechsel ein und das primäre Längenwachstum verändert die Gestalt zugunsten längerer Extremitäten. Die intellektuelle Entwicklung sowie die motorischen Fähigkeiten ermöglichen Kindern nun Kulturfertigkeiten wie Schreiben, Lesen und Rechnen zu erlernen. Die Konzentrationsfähigkeit ist gesteigert und längeres Stillsitzen ist erst dann möglich. Ab nun ist es nötig, nach Vorgaben Leistung zu bringen, weshalb genau darauf geachtet werden sollte, ob das Kind tatsächlich schulreif ist.

Entwicklungsaufgaben in der Schulzeit

Neben dem Lesen, Rechnen und Schreiben lernt das Kind nun, zum entsprechenden Zeitpunkt Leistung zu bringen. Auch entwickelt sich in dieser Zeit seine Arbeitshaltung: Ab jetzt ist Schluss damit, dass es egal ist, ob und wie eine Aufgabe gelöst wird und wie ein Männchen gezeichnet wird. Es gilt, sich mit der Realität und der Aneignung von Wissen auseinanderzusetzen.

Prinzipiell lernen Kinder sehr gerne und sind stolz auf alles, was sie können. Es geht aber auch darum, die eigene Bequemlichkeit zu überwinden und Aufgaben nach Vorgabe richtig zu lösen und sich dafür anzustrengen. Hier lernen Kinder bereits die Basis für das spätere Berufsleben, wo es darum geht, Ziele entsprechend zu verfolgen und Aufgaben vollständig zu lösen – sprich: Zielstrebigkeit, Selbstdisziplin und Zeitmanagement. Bereits jetzt entscheidet es sich, welches Gewicht Leistung für das Kind hat und haben wird. Leider geraten Kinder oft schon in diesem zarten Alter, wie in einem früheren Kapitel bereits abgehandelt, in den Sog der Leistungsgesellschaft. Kinder werden aber auch damit konfrontiert, dass andere womöglich bessere Leistungen erzielen als sie selbst oder zumindest mit einzelnen Misserfolgen. Kinder erleben, wo sie ihre Stärken haben und wo nicht.

Die Gleichaltrigen nehmen an Bedeutung zu und so lernen Kinder voneinander. Auch die sozialen Fertigkeiten, sich in einer Gruppe einzugliedern, den Wünschen des Lehrers Folge zu leisten, Bedürfnisse auch aufzuschieben, finden in dieser Phase statt.

Lehrkräfte besetzen ebenfalls eine sehr markante Rolle im Spiel des Lebens. Neben den Eltern prägen gerade Lehrer das Leben von Kindern nachhaltig. Deshalb ist eine gute Beziehung zwischen dem Lehrkörper und Kindern mehr als nur wünschenswert. Erinnerungen an die Schulzeit sind besonders markant und prägend.

Perfektionsfalle: »Alles müssen: möglichst früh, gut und unbedingt!«

Eine Gefahr besteht im überzogenen Ehrgeiz, das Kind früher als geplant einzuschulen. Kinder, die im Herbst erst sechs Jahre werden, können zwar bereits die Kriterien der Schulreife erfüllen, um dem Unterricht gut folgen zu können. Andererseits fehlt es oft an der sozialen Entwicklung und dem Umgang mit unvermeidbarem Leistungsdruck und Wettbewerb. Erfahrungsgemäß hängen diese Nachteile oft bis in die höhere Schule nach.

Eine weitere Perfektionsfalle besteht von Anfang an im Leistungsdruck und in der »Jagd nach den besten Noten«. In der vierten Klasse Volksschule wird der Druck so hoch wie noch nie: Das Kind *muss* die Leistung bringen, damit es ins Gymnasium gehen kann. Spätestens jetzt ist die Zeit gekommen, in der viele Kinder Angst vor Schularbeitsnoten bekommen, da es nun wirklich (!) um etwas geht. Bevor es zur Anmeldung an der weiterführenden Schule kommt, starten Eltern sehr oft den Versuch, mit der Klassenlehrerin wegen der Zeugnisnoten zu »verhandeln«. Es soll dem Kind ja »nicht die Zukunft verbaut« werden. Dieser Druck ist enorm und ändert sich meines Erachtens auch nicht, sollte in Zukunft die Unterstufe der weiterführenden Schule für alle gleich sein. Denn im Endeffekt geht es darum, wie wir Eltern mit der Leistungsfähigkeit unserer Kinder umgehen. Der Druck, unbedingt ins Gymnasium zu gehen, bleibt gleich, egal, ob das Kind zehn oder vierzehn Jahre alt ist. Tatsache ist, dass es Unterschiede in der Leistungsfähigkeit gibt und wir tun unseren Kindern nichts Gutes, wenn wir diese nicht sehen wollen. Ein Kind ins Gymnasium zu quetschen, obwohl es sich ziemlich sicher über Gebühr plagen wird, in der Hoffnung, dass der »Knopf aufgeht«, ist nicht zielführend. Wir Eltern sollten uns bewusst sein, dass nicht wir selbst in die Schule müssen, sondern das Kind unsere Vorstellungen darüber, was sein soll und was nicht, aushalten muss! Es gilt zu bedenken, dass es die Oberstufenschulen gibt, ob allgemeinbildend oder berufsbildend, die genau den gleichen Weg ermöglichen, nur dass die Kinder vorerst im Gymnasium keine »Haare lassen« mussten.

Kinder, die im Gymnasium an sich gut aufgehoben sind, könnten eventuell aber eingebremst werden. Bei ihnen besteht wiederum die Gefahr, dass sie nicht lernen, sich für eine Sache anstrengen zu müssen, was für die Berufsausbildung und -ausübung fatale Folgen nach sich ziehen kann.

Liebe und Leistung entkoppeln

Die Bindung zu den Eltern ist bereits mit achtzehn Monaten sicher gegeben, oder eben nicht. Insofern bewegen sich Kinder auf unterschiedlich stabilem emotionalen Boden. Einerseits soll bei jeder neuen Herausforderung, die Entwicklungsstufen mit sich bringt, die Basis der vertrauensvollen Beziehung gefestigt bzw. »renoviert« werden. Immer wieder werden Eltern ihre Zuverlässigkeit unter Beweis stellen müssen.

Im Schulalter tritt die Erfüllung des Grundbedürfnisses »Kompetenz, Selbstwert und Selbstkontrolle« und damit die Ausbildung des persönlichen und leistungsbezogenen Selbstbewusstseins in den Vordergrund. Da Kinder sich vor allem für ihre Eltern und auch Lehrer bemühen und sie nicht enttäuschen wollen, besteht eine besondere Gefahr, dass sie ihre Leistungsfähigkeit und die Liebe, die sie von Eltern erfahren, miteinander verbinden. So entsteht die Koppelung zwischen Leistung und Liebe!

Wie können wir Eltern dieser ungünstigen Koppelung entgegenwirken? Gute Leistungen sollen selbstverständlich entsprechend freudig anerkannt werden. Fehlt das Lob wiederholt, vermitteln wir dem Kind das Gefühl, dass es sich bemühen kann wie es will, es sei den Eltern ohnehin egal. Erfolgreiche Bemühungen sind niemals selbstverständlich und deshalb empfehle ich, dem Kind, egal welchen Alters, die entsprechende leistungsbezogene Wertschätzung entgegenzubringen. So erzählte mir eine Freundin: »Eines Morgens verließ ich feierlich gekleidet das Haus. Die Eltern stellten keinerlei Fragen und deshalb maturierte ich an diesem Tag ohne ihr Wissen. Als ich heimkam, hatten wir Besuch von einer Verwandten. Erst diese zeigte Interesse an mir, weil sie über meine festliche Kleidung verwundert war und fragte nach dem Grund. Die Verwandte beglückwünschte mich herzlich, für die Eltern war die Matura selbstverständlich.«

Machen Sie Ihre Liebe unabhängig von jeder Leistung aktiv spürbar. Am besten gelingt diese »Entkoppelung«, wenn es eine klare zeitliche oder thematische Distanz gibt. Fallen Umarmungen nur in den »Dunstkreis« des leistungsmäßigen Erfolgs, wird es schwierig.

Fehlerkultur, Problemlösung und Umgang mit Kritik

Der Umgang mit Fehlern und Rückschlägen ist mit ebenso viel Sorgfalt zu konfrontieren: Wichtig ist, davon auszugehen, dass Kinder Fehler machen werden und dies den Kindern auch von Anfang an zu vermitteln. Sie gehen ja deshalb zur Schule, um zu lernen und nicht, weil sie ohnehin alles können.

Nehmen Sie Ihr Kind immer wieder fernab jeder schulischen Beschäftigung in den Arm, zeigen Sie ihm Ihre Liebe und verbringen Sie gute Zeit miteinander. All das mit einem Respektsabstand zu den schulischen Leistungen. Das Kind muss diese bedingungslose Liebe erleben und somit spüren können. Werden Sie auch nach einer schulischen Enttäuschung des Kindes bald wieder fröhlich und versichern Sie ihm, dass alles mit der richtigen Mühe und der entsprechenden Strategie schon besser werden wird. Nicht das Kind ist »schlecht«, sondern es gibt ein Problem zu lösen, das Sie mit ihm gemeinsam schaffen werden.

Was aber ist, wenn das Kind chronisch »nur« »Sehr gut« nach Hause bringt? Auf jeden Fall sollte die Leistung anerkannt und dem Kind vermittelt werden, wie frei es durch diese schulische Sicherheit ist, weil es viele Sorgen dadurch nicht hat. Einem extremen Ehrgeiz wirken Sie jedoch entgegen. Weinkrämpfe im Gymnasium wegen einem »Gut« sind ein Alarmsignal für die Eltern.

Natürlich sind auch wir Eltern nicht immer gleich belastbar und geduldig. Dennoch gilt es in solchen Fällen, genauer hinzusehen, weshalb beispielsweise Fehler bei der Ansage-Übung passieren: Ist das Kind schon so nervös und unkonzentriert, weil es sich bei der Ansage in der Schule Druck macht? Oder ist die Schreibweise der geübten Wörter doch nicht so sicher und deshalb eher zufällig? Bleiben Sie also möglichst gefasst und suchen Sie gemeinsam nach den Ursachen.

Wiederholte Fehler sind für alle Beteiligten ärgerlich und wenig brillante Schultests manchmal Anlass zur Sorge. Aber es ist wichtig, den Ärger maximal an die Bemühungen des Kindes zu binden. Denn: Das Kind kann selbst beeinflussen, ob und wie sehr es sich bemüht, das zu tun, was es soll. Hausübungen, die lieblos hingekritzelt werden, sind natürlich nicht zu ignorieren. Kinder sollen ja lernen, sich auch für das neue Wissen anzustrengen. Passiert das nicht, besteht die Gefahr, dass das Kind jegliche Anstrengung vermeidet. Das betrifft auch sehr intelligente Kinder, die wenig tun müssen, um den Stoff gut zu beherrschen. Die Erfahrung, sich irgendwann doch anstrengen zu müssen, kann dazu führen, was Eltern zur Verzweiflung bringen kann: »Er ist total intelligent, aber er tut einfach nichts! Es interessiert ihn auch nichts, weil alles mit Mühe verbunden ist.« Deshalb unterstützen wir Kinder maßgeblich darin, ihr Bestes zu geben – unabhängig davon, wie gut oder weniger gut die Note im Endeffekt ist. Arbeitshaltung lautet das Stichwort!

Bei Fehlern und Misserfolgen: Stärken Sie den Rücken Ihres Kindes, indem Sie seine Fähigkeiten wertschätzen und fördern!

Es ist schon belastend genug, sich mit einem Misserfolg auseinanderzusetzen. Deshalb sind Vergleiche mit Schülern, die bessere Leistungen erzielen, sowie das auf den Schwachstellen des Kindes herumzureiten unnötig und kontraproduktiv.

Leider ist das gegenwärtige Schulsystem defizitorientiert. Mit anderen Worten: Das Hauptaugenmerk liegt auf den Mängeln des Schülers, die er auszugleichen hat. Die Stärken werden als gegeben angenommen und bleiben ohne entsprechende Wertschätzung und Förderung, sollten diese nicht in ein »Hauptfach« fallen. Maßgeblich ist, dass wir die Stärken unserer Kinder herausfinden, sie darin fördern und ihnen vor Augen führen, gerade dann, wenn sie mit Misserfolg konfrontiert werden. Auch wenn die Schulnoten nicht so brillant sind, kann das Kind beispielsweise sportlich talentiert und motiviert sein. Deshalb sollte neben der Schule auf jeden Fall ein Steckenpferd vorhanden sein, bei dem sich das Kind wohlfühlt und worin es selbst gut sein kann. Jedes Kind hat Stärken und es braucht die Wertschätzung dieser, um sein Selbstwertgefühl aufzubauen und zu spüren, dass die Eltern hinter ihm stehen!

Immer lauter Einser zu haben, niemals bei einer Prüfung durchzufallen bedeutet nicht, im Leben insgesamt erfolgreich zu sein. Der Umgang mit Rückschlägen kann bei entsprechender Rückenstärkung durch uns Eltern sogar helfen, mit Prüfungssituationen besser umzugehen. Ich denke an Mitschüler, die so recht und schlecht durchs Gymnasium gekommen sind. Einer hatte beinahe jedes Jahr im Herbst eine Nachprüfung, die er aber immer schaffte. Normale Prüfungen machten ihn kaum noch nervös, leistungsmäßige Herausforderungen zauberten ihm später kaum den Angstschweiß auf die Stirn, die Sorge, was andere über ihn denken könnten, wenn er etwas nicht schafft, kannte er nicht. Insgesamt war er also abgehärtet und anderen offenbar in so mancher Hinsicht überlegen, auch wenn er niemals ein ausgezeichnetes Zeugnis vorweisen konnte.

Kreativität und Genuss – Wege gegen Ideenlosigkeit

Wie in all den anderen Lebensphasen sollten wir darauf achten, das Kind auch Kind bleiben zu lassen. Das bedeutet, dass neben der Kopflastigkeit des Alltags und dem Schwerpunkt, sich Vorgegebenes anzueignen, bewusst unstrukturierter Freiraum übrigbleibt, in dem das Kind für sich ist. Damit stellt es sich der Herausforderung, auch mit Langeweile umgehen zu lernen. Denn, wenn von der Hausübung bis zum letzten Schritt einer Ballett-Choreografie alles eingeteilt und festgelegt ist, bleibt die eigene Zeitgestaltung auf der Strecke. Diese bewusst nicht gestaltete Zeit soll der Ideenlosigkeit den Kampf ansagen. Wie sollen Kinder sonst nach einer allgemeinbildenden Schule wissen, was sie aus ihrer plötzlichen Freiheit machen sollen, wenn sie mit sich und ihrer Zeit nie allein waren? Natürlich soll diese Zeit nicht wieder ausschließlich mit Computerspielen vollgepflastert sein.

Die Freizeit sollte aber wirklich eine sein und nicht zwingend von vor Bildung strotzendem Sinn durchzogen sein. Es sei denn, das Kind ist total begeistert von seinem Mikroskop oder wünscht sich nichts mehr auf der Welt als einen Chemiekasten oder einen Schrank voller Bücher. Es ist genauso gut, einfach einmal in der Erde zu wühlen und die darin auftauchenden Regenwürmer zu begutachten. Entspannung und Achtsamkeit, im Hier und Jetzt leben zu können. Ansonsten muss nicht immer sofort wieder ein Wissensbuch oder ein Experimentierkasten danebenliegen, um damit spontanes Interesse womöglich schon wieder zu bremsen.

Bücher, Bücher, Bücher

Lesen zählt in jeder Hinsicht zu den positiven Freizeitbeschäftigungen. Auf diese Weise werden Wissen, Diskussionsbereitschaft, Konzentration und sprachlicher Ausdruck gefördert und steht meist an der Spitze der Empfehlungen für Schulkinder.

Dennoch bin ich der Ansicht, dass jede noch so förderliche Aktivität nur dann ihren Zweck erfüllt, wenn sie noch anderes zulässt. Kinder, die ihre Zeit *nur* mehr hinter Büchern verbringen, laufen ebenso Gefahr, sich anderen Lebensbereichen wie dem Kontakt zu Gleichaltrigen oder einfach der realen Welt zu entziehen. Dennoch genießen »Bücherwürmer« Anerkennung und werden gerne anderen Kindern als Vorbild hingestellt. Doch Kinder müssen keine exzessiven Leser sein, um sich Wissen anzueignen. Wichtig ist, *dass* sie lesen! Legen Sie Zeitschriften, die für die Kinder relevant sein können beiläufig auf den Tisch, statt langwieriger weltpolitischer Artikel, die sie noch nicht verstehen können und die ohnehin vor allem beängstigende Berichte bringen. Hingegen kann es Kinder in den Bann ziehen, wenn sie in der Lokalzeitung vom nächsten Wiesenfest oder anderen Events lesen. Auch Gebrauchsanweisungen oder Kochrezepte bringen Kinder dazu, lesen zu wollen, um selbstständig etwas schaffen zu können. Gezielte TV- oder Radioberichte liefern ebenfalls viel Wissenswertes auf unterschiedlichen Kanälen der menschlichen Informationsverarbeitung.

Sollte Ihr Kind also kein »Bücherwurm« sein, dann versuchen Sie nicht, aus ihm mit Krampf und Vorwurfshaltung einen zu machen, sondern setzen Sie auf kreative Methoden, das Kind prinzipiell zum Lesen zu bringen. Denn es zählt nicht nur die Quantität, also die Anzahl der »verschlungenen« Bücher, sondern auch die Qualität der tatsächlichen Informationsverarbeitung.

Handy & Co – ist Überleben ohne sie möglich?

Mein damals siebenjähriger Sohn hatte die Gewohnheit, sich nach der Schule sofort an einen kleinen Tisch im Wohnzimmer zu setzen und zu zeichnen, während er auf das Mittagessen wartete. »So entspanne ich mich!«, meinte er damals ganz wichtig. Doch leider griff damals auch die »Nintendo-Manie« um sich. Kinder saßen wortlos nebeneinander und starrten auf den kleinen Bildschirm, um dem darauf stattfindenden Spiel zu folgen. Da man die kleinen Spielecomputer miteinander verknüpfen konnte, lief darüber die Kommunikation. Wer keinen Nintendo hatte, war nicht dabei. Andere Computer-Wünsche folgten und Konflikte im Hinblick auf die Dauer des Spieles ergaben sich deshalb zwangsläufig. Treffen mit Freunden reduzierten sich häufig auf abwechselndes Spiel am Computer. Glücklicherweise trugen unsere Bemühungen Früchte: Unser Sohn erkannte, dass er sich nach sportlichen Aktivitäten, gemeinsamen Unternehmungen mit Freunden oder Familie wesentlich wohler fühlte und auch geistig wacher. Das Mitwirken in einer Theatergruppe, das Wiederaufkeimen des Interesses am Gitarrespiel und der Nutzung des zeichnerischen Talents führten zu vermehrter Offenheit und Aktivität.

Auch das Handy birgt großes Suchtpotenzial und fördert Ideen- und Lustlosigkeit. Diese praktische Einrichtung des Mobiltelefons erhalten Kinder primär deshalb früh, um erreichbar zu sein oder eben selbst die Eltern kontaktieren zu können. Telefonzellen gibt es ja kaum noch. Tatsache aber ist, dass sie oft nicht erreichbar sind, weil der Akku wieder einmal vom Spielen leer ist. Kreative Ansätze wie Fotos, Videos etc. sind durchaus als positiv zu bewerten. Problematisch wird es dann, wenn Kinder kaum mehr anderes tun oder ihnen auch nichts mehr einfällt. Der erste Blick morgens und der letzte abends gehört dem Handy.

Meine Tochter verbrachte die erste Ferienzeit sehr viel am Handy, was dazu führte, dass sie erst am späten Vormittag mies gelaunt aufstand.

Ich ließ sie vorerst gewähren, da sie über das Jahr hinweg sehr aktiv und mit relativ vielen Terminen eingedeckt war. Aber dann wurden Klagen immer deutlicher, wie schnell doch die Ferien vergingen und dass es ja schon wieder so spät sei. Schließlich begann sie, mich bei meinem morgendlichen leichten Fitnessprogramm, einem flotten Spaziergang im Grünen, zu begleiten. Der Effekt war großartig: Sie füllte ab jetzt ihren Tag mit all den Dingen, die ihr eigentlich Freude bereiten oder weil sie deren Notwendigkeit erkannt hatte: Sie malte, räumte ihr Zimmer auf, übte auf ihrer Geige, half mir beim Kochen und vertiefte sich immer öfter in ein Buch oder eine Zeitschrift.

Es kann überdies durchaus Spaß machen, Kinder Aufgaben gezielt, ohne elektronische Hilfe, lösen zu lassen. Wie kann man beispielsweise ohne GPS an einen noch fremden Ort gelangen? Wie kann man andere Leute zuverlässig an einem Ort treffen, ohne permanent per SMS oder WhatsApp rückzufragen? Lassen Sie Ihrem Ideenreichtum freien Lauf!

Spickzettel: Schulalter

- Fehler sind zum Lernen da und somit unverzichtbar.
- Halten Sie Ihrem Kind etwaige bessere Leistungen anderer Kinder nicht vor. Es ist besser, das Kind dahingehend zu trösten und ihm zu vermitteln, worum es geht: Es soll selbst diesen Lernstoff erwerben, nicht mehr und nicht weniger. Ob es ein anderes Kind schneller schafft oder nicht, ist Nebensache!
- Vermitteln Sie dem Kind durch Ihr Handeln, dass es gut ist, sich für eine Sache anzustrengen.
- Zeigen Sie ihm Ihre Liebe unabhängig von Noten.
- Geben Sie ihm Anerkennung für gute Leistungen, vor allem aber für seine Bemühungen!
- Stehen Sie hinter ihm, auch wenn es etwas verpatzt hat! Dann braucht es erst recht Ihren Zuspruch.
- Fördern Sie den Kontakt zu anderen Kindern!
- Stützen Sie die Stärken des Kindes und unterstreichen Sie deren Wichtigkeit! Schwächen werden ausgeglichen.
- Fragen Sie danach, welche Schule eher zu Ihrem Kind passt, anstatt es in eine Schule zu zwingen. Kinder leiden darunter, »funktionieren« nur mehr, verlieren den Mut oder boykottieren diesen Entschluss möglicherweise schlichtweg mit schlechten Leistungen oder Abbruch.
- Geben Sie dem Kind genug Freiraum, um kreativ sein und einfach genussvoll Kind sein zu können und unterstützen Sie es dabei.
- Das permanente »Abhängen« hinter einem elektronischen Gerät verschlechtert nicht nur Schlaf und Kon-

zentration, sondern fördert schlechte Laune und füttert den inneren Schweinehund. Die Überwindung, andere Aktivitäten in Angriff zu nehmen, wird immer schwieriger. Deshalb ist auf die richtige Dosis und Alternativprogramm zu achten.

- Ob Förderung tatsächlich Förderwahn bedeutet oder eine Bereicherung darstellt, beurteilen Sie gemeinsam mit Ihrem Kind!
- Die Förderung dahingehend, für die Geschehnisse auf der Welt offen zu werden und sich Wissen anzueignen, erreichen wir durch Gespräche, Beiträge im TV und auch durch Lokalblätter und verschiedenen Zeitschriften. Nicht jedes Kind *muss* ein »Bücherwurm« sein.

Jugendalter – wenn Eltern beginnen, ihren Kindern »urpeinlich« zu sein

Das Jugendalter (die Pubertät und Adoleszenz) erstreckt sich von vierzehn Jahren bis zu Anfang zwanzig. Der Ausdruck »Pubertät« bezieht sich auf die körperliche, der der »Adoleszenz« auf die psychosoziale Entwicklung.

Bei der körperlichen Entwicklung sprechen wir vom »sekundären Wachstumsschub« und von der Ausbildung der Geschlechtsreife. Die Entwicklung der Intelligenz hat nun die höchste Stufe erreicht: Erst jetzt kann der Mensch abstrakt denken und dementsprechend auf der Vorstellungsebene Aufgaben lösen. Muss ein jüngeres Kind eine Aufgabe vor sich sehen (z.B. Rechnen mit Bausteinen) sind Jugendliche prinzipiell imstande, höhere Mathematik zu verstehen oder sich zumindest damit auseinanderzusetzen. Auch philosophische Fragen können erst jetzt wirklich bearbeitet werden. Die eigene Person, der Sinn des eigenen Daseins, des elterlichen Wertsystems, sind typische Themen, mit denen sich Jugendliche in dieser Phase beschäftigen.

Entwicklungsaufgaben – Ablösung von den Eltern

Die sich rasch verändernden Körperproportionen sind für die Betroffenen gewöhnungsbedürftig und müssen erst in ein neues Körperschema integriert werden. Die Geschlechtsrolle wird nun klar. Die Gleichaltrigen spielen als »Peer-Group« eine zentrale Rolle und stehen für eine Art »Miniatur-Gesellschaft«, in der sich die Jugendlichen erproben und den Umgang miteinander üben. Die Zugehörigkeit zu einer Peer-Group fördert die entsprechende Ablösung von den Eltern, was lediglich bedeutet, dass die Eltern in ihrer Rolle ebenso einen Wechsel durchmachen und auf andere Art und Weise nach wie vor maßgeblich und wichtig für ihre Kinder sind.

In der Folge wird die Paarbildung zunehmend interessanter, die wiederum mit den ersten sexuellen Erfahrungen einhergeht. Auch anstehende ausbildungsmäßige und berufliche Entscheidungen erfolgen in dieser Entwicklungsspanne – ein Schritt weiter in Richtung Eigenständigkeit, Selbstverantwortung und Autonomie!

Mit etwa vierzehn Jahren ist das innere Wertsystem der Jugendlichen bereits festgelegt und damit schon recht stabil. Sie haben ihre Sicht der Dinge, was gut oder schlecht, richtig oder falsch ist. Sie nabeln sich insofern von den Eltern ab, indem sie ihre eigene Meinung bilden, die vorerst zumindest darin besteht, den Ansichten der Eltern zu widersprechen. Ein Teil der Selbstbestimmung und Autonomie besteht darin, eine eigenständige Identität zu erreichen. Da es immer leichter ist zu wissen, was man nicht will, ist dies der erste Weg zur eigenen Persönlichkeit und Identität. Deshalb widersprechen Jugendliche ihren Eltern besonders gern, da sie sich so durch diese Form der Abgrenzung eigenständiger fühlen. Festzulegen, was sie tatsächlich wollen und auch durchziehen werden, fällt in die nächste Schwierigkeitsstufe. Oft ist es ein langer Weg des Überlegens und Erprobens, insbesondere, was die Berufswahl anbelangt. Kein Wunder! Immerhin handelt es sich um sehr nachhaltige Entscheidungen, die nicht so einfach rückgängig gemacht werden können.

Wie wir sehen, ist die Jugendzeit mit besonders vielen Entwicklungsaufgaben vollgestopft, weshalb sie oft gar nicht so unbeschwert erlebt wird, wie ihr angedichtet wird. Aber auch wir Eltern haben parallel zu unseren Kindern eine Entwicklungsaufgabe zu bewältigen: unsere Ablösung von den Kindern und die daraus folgende Reduzierung auf uns selbst und unsere Partnerschaft! Die Selbstständigkeit jugendlicher Kinder kann für Eltern befreiend, aber ebenso extrem belastend sein, da sie auch ihr Leben neu einrichten müssen. Haben Eltern nicht früh genug für sich vorgesorgt, kann das Leben nach dem Auszug der Kinder, der am Ende der Ablösung steht, bedrohlich leer sein: Das Haus wird als zu groß empfunden oder ist es tatsächlich, für die Partnerschaft gibt es plötzlich mehr Zeit bei gleichzeitig unklaren Gemeinsamkeiten. Hier gibt es also für die Eltern eine Menge zu tun! Somit erstaunt es nicht, dass der Wunsch, Großeltern zu werden, ähnlich dem eigenen Kinderwunsch in früheren Jahren, gehörige Ausmaße annehmen kann. Wird doch auf diese Weise die Beziehung zum eigenen Kind neu definiert und ermöglicht eine neue Form der Bindung.

Die Pubertät geht früher oder später mit dem Verlust des klassischen Kindchen-Schemas einher. Für Jugendliche ist es deshalb nicht mehr so einfach, Fehler oder unangebrachtes Verhalten mit einem Augenaufschlag oder süßem Plaudern wettzumachen. Oft handelt es sich um brummelnde, pickelübersäte, wahnsinnig cool bis mürrische und »angenervt« anmutende Wesen oder »Dramaqueens«, die uns Eltern weismachen wollen, wie veraltet, urpeinlich und nervig wir sind, und dass wir keine Ahnung von dem haben, was läuft. Gleich darauf sind wir aber wieder die liebsten Eltern der Welt. Willkommen in der Hochschaubahn der Gefühle!

Noch spannender wird es, wenn Sie als Mutter zusätzlich in die Hochschaubahn der Gefühle eintreten, weil Sie unter dem »Praemenstruellen Syndrom« oder an Wechselbeschwerden leiden. Oder wenn Sie als Vater Anfang vierzig in die Sinnkrise kommen und sich selbst oder »das Leben« suchen und mit Trainingscenter, Fallschirmspringen oder dem Marathon versuchen, die absteigende Hormonkurve zu kompensieren. Auch die Eltern kommen irgendwann in die »Pubertät«, nur andersherum. Na, das kann ja heiter werden!

Spätestens jetzt ist es so gar nicht mehr putzig, wenn sich Kinder von mancher schlechten Angewohnheit noch nicht distanziert haben. So kann es noch »herzig« aussehen, wenn ein Kind vor Wut entschlossen sein Spielzeug auf den Boden wirft. Manchen Eltern schwelt sogar die Brust vor fragwürdigem Stolz darüber, weil sie fälschlicherweise solche Affektausbrüche als Willensstärke, Selbstbewusstsein oder gar als überdurchschnittliche Intelligenz interpretieren. Beim Jugendlichen hört sich der Spaß auf und bekommt zumindest einen Touch von Bedrohlichkeit.

Besser als ihr Ruf?

Die Jugend ist die Zeit, in der tagsüber Idole wie Sängerinnen, YouTuber, die neuesten Beauty-Tipps oder ganz coole Kerle die Kids beschäftigen, in der Nacht aber nach wie vor der Teddy nicht fehlen darf, um vor etwaigen Gespenstern zu schützen. Puppen und sogar Babyspielzeug werden in Schubladen gehortet, stets griffbereit, und residieren neben Jugend-Zeitschriften und DVDs. Aber keine mehr oder weniger aktuellen Grusel-Modepuppen wie »Monster High« oder Schneekönigin, sondern »Mama mia« oder Ähnliches für die nötige Dosis Romantik stehen an oberster Stelle.

Die so gefürchtete Pubertät, der sämtliche unerwünschte Verhaltensweisen angedichtet werden, rangiert neben der gefürchteten Trotzphase als Schreckgespenst der kindlichen Entwicklung. Sie muss nicht so furchtbar sein! Sie kann auch, sofern die Basis der Eltern-Kind-Beziehung prinzipiell passt, durchaus etwas Entzückendes an sich haben und uns Eltern zum Schmunzeln bringen.

Meine elfjährige Tochter vereinbarte mit einer Freundin an einem schulfreien Tag ein Treffen früh am Morgen. So leicht waren die beiden noch nie aufgestanden, wenn es darum ging, zur Schule zu gehen. Nach dem Frühstück verschwanden sie im Kinderzimmer. Nach etwa dreißig Minuten stattete ich einen kurzen Besuch ab, um wegen ihres Plans nachzufragen. Das Bild, das sich mir jetzt bot, war einmalig: Während meine Tochter sich gerade perfekt schminkte, hielt ihr die gleichaltrige Freundin einen kleinen Spiegel, den sie von der Wand genommen hatten, vor das Gesicht. Sie planten, shoppen zu gehen. Als sie mit dem Schminken fertig waren, hatten sie noch Zeit, bis die Geschäfte öffnen würden. Was taten die beiden perfekt gestylten Mädels bis dahin? Sie spielten mit dem Kasperltheater!

Dann war es so weit und sie gingen mit Täschchen und etwas Geld zum nächsten Drogeriemarkt, um den neuesten Duschschaum zu erwerben. Da das Geld rascher aufgebraucht war, als sie dachten und sie noch nicht so rasch wieder heim wollten, landeten sie auf einem kleinen Spielplatz neben dem Geschäft, ein Spielplatz für Kleinkinder.

Passt die Beziehung, lässt sich so manche Schwierigkeit diskutieren oder auch bestreiten, ohne dass es dazu kommt, die gegenseitige Liebe infrage zu stellen. Es kann sogar Spaß machen, wenn es gelingt, ein Stück weit Humor einzubringen.

So meinte mein Sohn zu mir, als ich ihn seines Erachtens zu Unrecht ermahnte, dass er nun die Hausübung machen solle: »Mama, du nervst! Ich weiß schon selbst, was ich zu tun habe!« Ich entgegnete ihm: »Ja, ich nerve! Denn das ist mein Job! Und es ist doch nur stressig für dich, wenn du am Sonntagabend noch Aufgabe machst!« Er war so erstaunt und sogar etwas belustigt, dass er, der immer etwas zu entgegnen weiß, schwieg und mich mit seinen großen blauen Augen anstarrte. 1:0 für mich – dieses Mal!

Manchmal bekomme ich eine kleine Bedienungsanleitung, in der er mir ruhig und klar sagt, was er braucht und was nicht, was ich recht hilfreich und amüsant finde. So wirkt er etwaigem »Helikopter-Verhalten« meinerseits entgegen. Wenn er, mittlerweile einen Kopf größer als ich, sich vor mir aufrichtet, die Hände lässig in die Hüften gestützt, weiß ich, dass jetzt wieder ein Kapitel zum Thema »altersgerechte Behandlung deines Kindes« ansteht. Ruhig, aber eindringlich, wie ich ihm immer versucht habe, alles zu erklären, meint er: »Mama, hör zu, ich bin ... *vierzehn*!«, »Ja eben, weil du *erst* vierzehn bist, sage ich dir jetzt ...« »Mama, das bedeutet, dass ich schon alles checke und weiß, was richtig ist!« Sein fester, ruhiger Blick wirkt überzeugend. Wenn ich kurz in mich gehe, kann es schon sein, dass ich zu dem Schluss komme, dass er eigentlich recht hat oder zumindest vielleicht, was so viel bedeutet, als dass ich riskiere, ihm die »Leine« etwas länger zu lassen. Aber ich lächle ihn dann an und sage mit künstlicher Strenge, dass er jetzt Zähneputzen gehen solle. Meist versteht er diesen Spaß und »spielt« mit.

Immer wieder gibt es ähnliche Unterhaltungen, die damit enden, dass die Kinder den Kopf über ihre Eltern schütteln, weil sie ja angeblich alles dramatisieren. Themen, wie einen eigenen YouTube-Kanal zu erstellen oder in einem Social-Network Bilder zu posten, lassen bei so manchen Eltern die Alarmglocke schrillen. Die Sorge, dass die Kinder etwas ins

Netz stellen, was ihnen womöglich nachhaltig schadet, ist ja nicht so irrational. Als ich kürzlich meine Kinder über diverse Gefahren aufklären wollte, bemerkte ich, dass mein Sohn nicht mir in die Augen sah, sondern sich in meinen Sonnenbrillen betrachtete, um schließlich sein Haar zu richten. Provokant oder einfach witzig oder beides? Als ich ihn fragte, was das soll, argumentierte er klar und trocken, weshalb ich mir keine Sorgen machen müsse. Ich musste zugeben, dass er offenbar einen besseren Einblick in die Materie hat als ich und dass beide Kinder sehr gut Bescheid wissen, was in Ordnung ist und was nicht.

Wenn ich bemerke, dass ich ein klein wenig zumindest in Gedanken zum »Helikopter« werde, rechtfertige ich mich gerne mit dem Argument, dass Eltern immer in der Einschätzung ihrer Kinder nachhinken und das deshalb, weil ja die Baby-Zeit noch gar nicht lange her ist. Mein Sohn solle etwas nachsichtig mit seinen Eltern sein, da wir ja nicht alles wissen können, was er nicht mehr braucht. Deshalb ist es gut, wenn er uns das rückmeldet. All das läuft in einer meist humorvollen Atmosphäre ab.

Auch unsere Tochter holt mich manchmal zu einem förmlichen »Mitarbeitergespräch«, indem sie mir sagt, worin sie sicher kein Baby mehr sei. Respektiere ich das und lasse Freiraum, quittieren es die Kinder mit besonderer Mühe um gute Beweisführung, dass sie wirklich schon so weit sind. Natürlich gibt dann mein Sohn seine Kommentare ab, dass es bei seiner um drei Jahre jüngeren Schwester schon noch anders sei. Sie sei ja noch ein Baby! Die Reaktion seiner Schwester ist eine gesunde: Sie regt sich auf oder quittiert diese Attacke mit schlagfertigen Gegenargumenten und es kommt zu einem mehr oder weniger amüsanten Dialog, bei dem ich manchmal nicht weiß, ob ich mich einmischen soll oder nicht. Auch hier gibt es keine Reaktion, die *immer* richtig ist. Manchmal ist es gut, mich einzumischen, dann wieder so gar nicht. Manchmal ist es schon deshalb unvorteilhaft, weil ich gerade vom Job komme und im Moment nicht die Ruhe und Geduld aufbringe, förderlich zu reagieren. Dann laufe ich Gefahr, mit der erzieherischen »Punkt-Schluss«-Strategie aufzufahren, die das Ziel hat, diskussionslos einen Konflikt einfach zu beenden oder abzukürzen, ich aber damit das Gegenteil erreiche. So entgegnet meine Tochter manchmal: »Mama, wir checken das schon!« Dann gehe ich und überlasse sie ihrer gemeinsamen Konfliktlösung. Ich habe jedenfalls gelernt, dass ich zuerst unter meine ritualisierte Abenddusche muss, aus der ich dann wie verwandelt, wesentlich milder und geduldiger wieder hervorkomme.

Was brauchen Jugendliche?

Wie in jeder Entwicklungsphase ist auch in dieser der feinfühlige Blick auf das, was der Jugendliche braucht, nötig. Die Grundbedürfnisse sind ja immer gleich! Auch Jugendliche wollen von ihren Eltern bedingungslos geliebt werden und streben nach Selbstbestimmung, Autonomie aber ebenso noch Sicherheit und Geborgenheit. Jugendliche haben jedoch eine besonders breite Palette an Entwicklungsaufgaben zu bewältigen, weshalb sie erst recht unseren Halt brauchen – selbst wenn dieser Halt anders aussieht als bei einem Kleinkind. Will ein Kleinkind in den Arm genommen und sogar hochgehoben werden, wenn es Angst hat oder getröstet werden will, braucht der Jugendliche manchmal einfach, dass wir respektieren, dass er für einige Zeit allein in seinem Zimmer sein will oder einfach nur zuhören, ohne etwas zu kommentieren. Vielleicht will er oder sie aber ein andermal sehr wohl in den Arm genommen werden. Besteht eine vertrauensvolle Bindung zu den Eltern, muss es in solchen Situationen keine unüberwindlichen Verständnisprobleme geben.

Dieser äußerlich dramatisch wirkende Entwicklungsschub fördert sorgenvolle Gedanken der Eltern. Die Verantwortung für die Jugendlichen trifft auf das Loslassen und dessen Freiheitsdrang sowie den Drang, sich auszuprobieren. Das »Loslassen« ist also leichter gesagt als getan. Wie lange darf oder soll die »Leine« sein? Worauf können und sollen wir Eltern achten? Ab wann gibt es Grund zur Sorge?

Um die innere Stabilität des Jugendlichen ein Stück weit abschätzen zu können, hilft ein Blick auf die »Triade des Jugendlichen«.

»Triade« des Jugendlichen und der »innere Garten«

Die »Triade« des Jugendlichen besteht aus der Beziehung zu den Eltern, zu den Gleichaltrigen und aus der Schulleistung. Sind diese drei Hauptbereiche intakt, ist eine stabilisierende Basis für den Jugendlichen anzunehmen. Brenzlig wird es, wenn die Beziehung zwischen den Eltern wackelt oder massive Konflikte zwischen den Eltern und dem Jugendlichen im Vordergrund stehen. Ebenso bedenklich sind gar ruhige, scheinbar nicht pubertierende Jugendliche, die sich kaum mit Gleichaltrigen treffen oder wenn die Kontakte des eigenen Kindes fragwürdig oder unbekannt sind. Die Schulleistung sorgt für Sicherheit oder Stress und Desorientierung, sollte sie nicht entsprechen und ein Weiterkommen nicht gewährleistet sein. Sie können sich vorstellen, welcher Leidensdruck auf Jugendliche wirkt, bei denen keine der drei Sicherheitssäulen passt!

Die Jugendzeit steht unter dem Motto des Austestens der eigenen Person, dem Ausbau der eigenen Bewegungsfreiheit und der Einrichtung eines eigenen Lebens mit Gleichaltrigen und persönlichen Interessen.

Bildlich gesprochen bedeutet das, dass der Jugendliche in seinem Garten beginnt, ihn selbst zu gestalten und umzubauen. Er entwickelt seinen eigenen Kopf und seinen eigenen Geschmack. Er holt sich Freunde herein, mit denen er die Zeit besonders gerne verbringt. Gemeinsam bauen sie in diesem Garten Dinge auf, um sie auch wieder umzureißen und neue Ideen einzubringen. Die Eltern sind da, wenn der Jugendliche sie braucht! Die Eltern achten darauf, dass der Zaun zwecks Vergrößerung des Gartens und der persönlichen Freiheit nicht unrechtmäßig versetzt wird.

Grenzen bleiben also auch in diesem Alter als Orientierungshilfe wichtig. Klare, nachvollziehbare Grenzen werden respektiert, verwaschene Grenzen, die mit Androhungen gekoppelt werden, werden ignoriert oder gar abschätzig behandelt. Dabei handelt es sich beispielsweise um Äußerungen, mit denen sich Eltern bei jüngeren Kindern Respekt verschaffen konnten: »Wenn du nicht sofort dein Zimmer aufräumst, nehme ich dir dein Handy weg!« Folgen jüngere Kinder in solchen Fällen noch erschrocken, kontern Jugendliche beispielsweise: »Du bist kindisch! Dann nimm es mir halt weg, na und? Du gibst es mir ja dann sowieso wieder!« Ich selbst habe gute Erfahrungen mit folgenden Äußerungen gemacht: »Ich will dich nicht wie ein kleines Kind behandeln und du weißt doch selbst, was zu tun ist – oder? Tust du es nicht, läufst du Gefahr, dass ich dich weiterhin damit nerve!« Wie schon beim Kleinkindesalter abgehandelt, geht es darum, Handlungsspielraum zu lassen und das festzulegen, was »gar nicht geht«. Jugendliche brauchen jemanden, den sie respektieren können, weshalb sie nach Vorbildern suchen. Idole oder auch Gruppenleiter aus verschiedensten Bereichen spielen eine maßgebliche Rolle.

Um den Kindern entsprechenden Handlungsspielraum zu gewährleisten, gilt es eben auch, bestimmte Bedingungen im Auge zu behalten. Achten Sie auf die genaue Einhaltung der vereinbarten Ausgehzeiten. Die Angaben des Jugendschutzgesetzes bieten eine gewisse Orientierung, jedoch lassen Sie sich von Ihren Kindern nicht dazu breitschlagen, sich daran zu halten, wenn Sie finden, dass sie früher zu Hause sein sollten. Nur allzu gerne halten Jugendliche

Ihren Eltern die festgelegten Ausgehzeiten unter die Nase. Wenn es Vierzehnjährigen in manchen Ländern erlaubt ist, von Gesetzes wegen bis ein Uhr morgens fortbleiben zu dürfen, heißt das noch lange nicht, dass Sie es erlauben müssen. Natürlich sollen Jugendliche sich mit ihren Freunden treffen können. Doch Eltern sollten im Auge behalten, welche Kontakte, Lokale und Aktivitäten dabei tatsächlich zum Tragen kommen. Das Alkohol- und Rauchverbot sollte zum Wohle des Jugendlichen ernst genommen werden!

Überprüfen Sie regelmäßig die Schulleistungen und bleiben Sie mit den Lehrkräften in einem moderaten Kontakt. Dabei geht es nur darum, einen etwaigen Leistungsknick zu erkennen und nicht darum, ausgezeichnete Noten zu erlangen. Sie sollten obendrein wissen, wo sich Ihr Kind in etwa aufhält und wer seine Freunde sind.

Der Umgang der Jugendlichen mit den Eltern

Wie in der Trotzphase können auch in der Jugendzeit die gefühlsmäßigen Wogen hochgehen. Dies können Eltern nur zur Kenntnis nehmen, nicht alles sollte jedoch in die Schublade »Pubertät« gesteckt werden. Wie schon jüngere Kinder lernen können, ihren Unmut nach und nach annehmbarer auszudrücken, ist Pubertät nicht automatisch mit dem »Recht auf Unverschämtheit« gleichzusetzen. Massive Schimpfwörter und Demütigungen sollten in der Pubertät trotz der Stimmungsschwankungen nicht »normal« sein. Klar ist natürlich, dass die Regel gilt: »Wie man in den Wald hineinruft, so klingt es zurück!«

Neigen wir also als Eltern dazu, die Fassung zu verlieren und uns unflätig auszudrücken, werden wir womöglich postwendend die gleichen Kaliber selbst abbekommen. Kraftausdrücke durchgehen zu lassen, weil sich die Phase »schon wieder geben« wird, ist hingegen nicht der

Weg. Manchmal werden Kraftausdrücke aber einfach von der Schule mit nach Hause gebracht, wo sie von der Familie im Hinblick auf die Reaktion auf diese Ausdrücke getestet werden. Eine gangbare Möglichkeit besteht darin, den Jugendlichen daran zu erinnern, dass er jetzt gerade nicht mehr in der Schule ist, wo er ja so reden kann, wenn diese Worte »normal« und für jeden verständlich erscheinen, daheim aber nicht. In einer ruhigen Minute können Sie kurz erklären, um welch abgrundtiefe Wörter es sich dabei handelt und dass ihm bewusst sein sollte, was er damit tatsächlich ausdrückt und es sich um massive Beleidigungen handelt. Er solle sich also gut überlegen, ob er diese Worte verwendet und wenn er es tut, wo und bei wem! Sollte der Jugendliche überhaupt keine Vereinbarungen mehr befolgen, sollten Eltern nicht zögern, sich Hilfe zu holen. Manchmal reicht dabei schon eine Person im familiären Umfeld, zu der der Jugendliche einen guten Bezug hat. Ansonsten sollte auch an professionelle Hilfe gedacht werden, sollte die Situation zwischen Eltern und den Jugendlichen recht verfahren sein.

Was brauchen Eltern in dieser Entwicklungsphase?

Wie in jeder Lebensphase helfen Humor, Geduld, Wissen um diese Entwicklungsphase gut zu meistern und innere Festigkeit und Boden unter die Füße zu bekommen! Als Eltern sollten wir wissen, was uns wichtig ist und was wir wollen. Auch wird es Zeit, sich mit dem eigenen Fortkommen und den eigenen Interessen auseinanderzusetzen, um nicht mit Ausnahme des mehr oder weniger ausgeprägten »Taxidienstes« plötzlich »hobbylos« dazustehen, wenn die Kinder, die viele Jahre hindurch unsere Aufmerksamkeit rund um die Uhr gebraucht haben, eigene Wege gehen. Als Eltern brauchen Sie außerdem die Erkenntnis, dass Sie dennoch weiterhin Eltern bleiben und es darum geht, den eigenen »Rollenwechsel« zu schaffen. Die immer versorgenden, für alle Kinder denkenden Eltern übernehmen auf der Bühne des Lebens nun nicht mehr die sichtbare Hauptrolle. Ich fühle mich manchmal als Requisiteurin, Regisseurin oder als Maskenbildnerin, die zwischendurch das verwischte Make-up wieder auffrischt. Manchmal fühle ich mich auch als Trainerin, die in der Ecke des Boxringes auf ihren Schützling wartet, um ihm dann gut zuzureden und kurz die Wunden versorgt – im übertragenen Sinne natürlich!

Hilfe bei der Bewältigung der Lebensschule

Die Rolle der Eltern verändert sich somit von der der »Rund-um-Versorger« zu einer Stütze, die bei Bedarf aus dem Hintergrund hervortritt. Wenn jemand versucht, auf einem Seil zu balancieren, können wir im Laufe der Zeit nicht mehr die Balancearbeit abnehmen, sondern nur bei Bedarf »greifbar« sein, um den Jugendlichen im Fall des Falles die Hand zu reichen. Es hilft Jugendlichen keineswegs, wenn wir ihnen die Referate für die Schule vorbereiten. Es geht darum, dem Heranwachsenden dabei zu helfen, die vielen neuen Eindrücke, die die gesteigerte Selbstständigkeit mit sich bringen, entsprechend einzuordnen und Lösungswege anzubieten oder zu unterstützen.

Was tun, wenn eine neue Gitarre, ein Moped etc. das jugendliche Budget übersteigt? Wie kommt man zu einem Ferialjob? Wie kann man etwas Gebrauchtes verkaufen? Was ist zu tun, wenn das Fahrrad geklaut wurde? Wäre es nicht klug, bestimmte Quittungen aufzubewahren oder eine Versicherung abzuschließen? Wie sicher sind Fahrradschlösser?

Eine Erfahrung jagt die andere, weshalb es für den Jugendlichen neben all den Freiräumen wichtig ist, in der Familie einen Ruhe- und »Informationspol« zu haben. All diese Eindrücke werden einerseits im Freundeskreis des Jugendlichen, dem besondere Bedeutung zukommt, aber auch im Elternhaus entsprechend verarbeitet.

Hier nochmals kurz zusammengefasst, eine kleine »Bedienungsanleitung« für den Umgang mit jugendlichen Kindern.

Spickzettel: Jugendalter

- Geben Sie feinfühlige Unterstützung, wo der Jugendliche sie tatsächlich braucht, ohne die Entwicklung durch Unterforderung zu blockieren. Es geht auch in dieser Phase um die Aufrechterhaltung einer tragfähigen Bindung zwischen Eltern und Kind sowie um die Erreichung von Autonomie.
- Kontrollieren Sie dort, wo es nötig ist: Mit wem trifft sich mein Kind wann und wo? Kommt es pünktlich heim? Was ist mit den Themen Rauchen und Alkohol? Auch oder gerade deshalb, weil Sie selbst rauchen, sollte dieses Thema keineswegs verharmlost werden – im Gegenteil!
- Passt die Schulleistung? Sie sollte »gut genug«, aber muss nicht »perfekt« sein. Vielmehr geht es darum, einen etwaigen Leistungsknick rechtzeitig zu erkennen.
- Braucht das Kind Förderung? Ist es in der richtigen Schule? Helfen Sie ihm, sich entsprechend seiner Stärken, beruflich zu orientieren, ohne für das Kind zu bestimmen.
- Unterlassen Sie übergriffiges Verhalten, wie in persönlichen Schubladen zu kramen oder in Tagebüchern zu lesen. Dies ist nur dann angebracht, wenn es tatsächlich und offensichtlich Grund zur Sorge gibt (Verdacht auf Drogen, Sekten etc.).
- Seien Sie Mutter und Vater statt »Freund oder Freundin«. Auch Jugendliche brauchen Halt! Sie dürfen altmodisch sein. Ahmen Sie nicht die Kleidung nach und hal-

ten Sie sich von Jugendlokalen fern! Ahmen Sie nicht die interne Jugendsprache Ihrer Kinder nach – Sie werden zu Recht mit Verachtung gestraft. Jugendliche brauchen Eltern, von denen die sich unterscheiden können und die Sicherheit vermitteln, auch wenn sie »urpeinlich« sind!

- Setzen Sie sinnvolle, nachvollziehbare Grenzen, statt demütigende Verbote.
- Lassen Sie die »Leine« in den Bereichen locker, in denen sich der Jugendliche frei bewegen darf (Freunde, ...) und wo er sich bereits mit verantwortungsbewusstem und zuverlässigem Verhalten bewährt hat. Bleiben Sie aber aufmerksam und nehmen Sie Veränderungen Ihres Kindes wahr. Scheuen Sie sich nicht, es nach einiger Zeit darauf anzusprechen oder rückläufige Entwicklungen wieder abzubremsen!
- Verlieren Sie niemals den Kontakt zu Ihrem Kind und pflegen Sie eine angemessene Gesprächskultur, ohne »Vorträge« zu halten. Hören Sie vor allem hin, stellen Sie gezielte Fragen und begründen Sie diese!
- Übergeben Sie Aufgaben und bringen Sie dem Jugendlichen maßgeschneidert Verantwortung bei.

Erwachsenenalter – die große Freiheit?

Wann sind unsere Kinder tatsächlich erwachsen? Vor dem Gesetz sind sie es mit achtzehn Jahren, im persönlichen Leben womöglich früher, später oder nie? Was macht Erwachsensein neben den gesetzlichen Rechten und Pflichten überhaupt aus?

Das Erziehungsziel, das Kind zu einem selbstständigen, unabhängigen, selbstbestimmten, aber bindungsfähigen und glücksfähigen Menschen zu machen, ist erreicht oder zumindest angebahnt. Das persönliche Erwachsensein wird im Falle einer längeren Ausbildungszeit und der damit verbundenen längeren finanziellen Abhängigkeit hinausgezögert.

»Endlich dürfen die Eltern mir nichts mehr vorschreiben!« Alles geschieht nach dem eigenen Willen! Es gibt keinen rechtlichen Vertreter mehr, die große Freiheit, oder auch die Qual der Wahl, winkt. Ab nun tragen die Eltern keine Verantwortung mehr für ihre Kinder; sie haben ihre Pflicht getan und ihre Kinder bis zur Volljährigkeit begleitet und gestützt. Die Beziehung zwischen den Eltern und ihren Kindern verändert sich, die Kinder nähern sich häufig wieder an, aber nun auf Augenhöhe, wenngleich die Eltern immer Eltern bleiben werden. Turbulenzen der Jugend beruhigen sich allmählich.

Entwicklungsaufgabe – neue Annäherung

Auch über die Jugend hinaus stoßen wir in unserem Leben immer wieder auf neue Entwicklungsaufgaben. Nun gilt es, sich tatsächlich ein eigenes Leben aufzubauen. Der Auszug aus dem Elternhaus, die Vollendung einer Ausbildung und der Eintritt ins Berufsleben und eventuell die Gründung einer eigenen Familie sind markante Anzeichen dafür, dass die Jugend nun endgültig vorbei ist.

Aber es gehört noch mehr dazu: Erwachsensein bedeutet auch, die Alltagspflichten selbst zu übernehmen und nicht Mami mit vollen Wäschekörben zu terrorisieren. Mütter übernehmen jedoch solche Arbeiten oft nicht ungern, weil sie einfach noch etwas für ihr Kind tun wollen, wie früher ... Außerdem gibt es dann immer Gründe, dass der Sohn oder die Tochter zumindest kurz vorbeikommt. Es wäre jedoch schade, wenn schmutzige Wäsche der einzige Anreiz wäre, den Kontakt zu den Eltern aufrechtzuerhalten. Auch ist es nicht förderlich, dem eigenen Kind oder der Schwiegertochter bzw. dem Schwiegersohn den Kontakt insofern abzuringen, indem Sie ihnen vermitteln, es wegen ihrer Unerfahrenheit ohnedies ohne die Eltern nicht zu schaffen, ein geordnetes, eigenes Familienleben aufzubauen.

Der junge Erwachsene sollte die Möglichkeit haben, sich frei zu entfalten. Es ist schwierig genug, sich von einer vorerst sehr strikt festgelegten Schul- und somit »Stundenplan-Welt« in die Wildnis der freien Entscheidungsmöglichkeiten zu begeben. Freiheit kann sehr anstrengend sein, wenn man nie gelernt hat, damit umzugehen. Ein junger Erwachsener ist für sich voll verantwortlich und frei wie ein junger Vogel, der noch nicht weiß, wo er sich hinsetzen darf, ohne dass ihn die Nachbarskatze fängt. Entscheidungen in diesem Alter sind relativ nachhaltig, Wünsche und Träume schließen manchmal einander aus. Wichtig ist es, dem jungen Menschen einfach nur Hilfe anzubieten, wenn er sie haben will. Als Eltern sollten wir die Kinder erwachsen werden lassen und ihnen das Gefühl geben, dass wir weiterhin für sie da sind, wenn sie uns brauchen: Mutter bleibt Mutter, Vater bleibt Vater. Kinder werden dann am ehesten den guten Kontakt zu ihren Eltern suchen, wenn er zwanglos ist und an keine Bedingungen wie permanente Dankbarkeit oder eine vorgeschriebene Kontaktfrequenz geknüpft ist.

Manchmal scheint es praktisch zu sein, wenn für den Einzug des eigenen Kindes das Haus aufgestockt wird. Die damit verbundenen Konflikte liegen auf der Hand und können lediglich mit viel Wissen um die Bedürfnisse beider Seiten, Toleranz und Weisheit gelöst werden. Wohnt das eigene Kind im Elternhaus oder baut am elterlichen Grundstück ein eigenes Haus, bedeutet das nicht, dass wir als Eltern deshalb das Recht auf mehr Einblick in die Privatsphäre haben oder darauf, es unangemeldet zu besuchen oder gar bei Abwesenheit des Kindes in der Wohnung nach dem Rechten zu sehen, es sei denn, es wird gewünscht. Getrennte Eingänge, getrennte Küchen, Badezimmer und Gärten sind ein Minimum. Sollten Sie einen Pool im Garten haben und Ihr Sohn oder Ihre Tochter wollen einen eigenen in ihrem Gartenteil, dann lassen Sie zu, dass sie sich diesen Wunsch nach privatem Badegenuss erfüllen, ohne ihn zu problematisieren.

Diskretion und Rücksichtnahme auf die Bedürfnisse aller Beteiligten ist das oberste Gebot und in diesem Falle ein besonders sensibles Thema. Das bedeutet natürlich umgekehrt ebenso, dass Sie sich als Eltern nicht von übergriffigen Wünschen Ihrer Kinder überrollen lassen. Ihr Bereich und Ihr persönliches Leben sollen nicht unter der Anwesenheit Ihrer Kinder und Schwiegerkinder leiden.

Als Eltern sind wir für unsere Kinder nicht mehr verantwortlich. Auch wenn wir bei Bedarf gerne helfen dürfen, sollte die Alarmglocke schrillen, wenn Sie als Mutter oder Vater in manchen Belangen die Rolle des Partners übernehmen. Manche erwachsene Kinder kontaktieren ihre Eltern bei verschiedenen persönlichen Problemen, die eigentlich mit dem Partner besprochen werden sollten. Natürlich kann dies darauf hinweisen, dass der oder die Partnerin nicht der geeignete Gesprächspartner für all die Alltagsärgernisse oder sonstige Krisen ist. Es kann aber auch sein, dass der Partner die Rolle als neuer Lebensmittelpunkt überhaupt nie eingenommen hat. Das kann einerseits daran liegen, dass wir Eltern uns zu unabkömmlich gemacht haben und wir schon in der Jugend uns mit Rat und Tat an die erste Stelle vor die Gleichaltrigen oder anderen Leitpersonen gedrängt haben oder andererseits, dass das nun erwachsene Kind sich einfach von sich aus nicht ausreichend abgenabelt hat – vielleicht sogar, weil es so bequemer ist. Auf diese Weise agieren oft Kinder, die in der Jugend so angenehm waren, weil sie die Pubertät »übersprungen« haben. Tatsächlich bleibt die imaginäre Nabelschnur zu den Eltern zu stark vorhanden und das nunmehr erwachsene Kind hat sich zu wenig zur eigenen Persönlichkeit heranentwickelt. Die Partnerschaft, die den neuen Lebensmittelpunkt darstellen sollte, hat nicht den erwünschten Stellenwert erreicht.

Der elterliche Part im jungen Erwachsenenalter besteht also darin, das nun mündige Kind emotional in seinem Weg ins eigene Leben zu bestärken.

Spickzettel: Erwachsenenalter

- Machen Sie sich bewusst, dass Sie keinen rechtlichen Einfluss mehr auf Ihr Kind haben und arrangieren Sie sich mit dieser Realität.
- Glauben Sie nicht, alles besser zu wissen und dass Ihr Kind etwas so machen muss, wie Sie damals, oder wie Sie meinen, dass es etwas machen soll. Wir kommen aus dem vorigen Jahrtausend und hatten andere Ausgangssituationen. Zu Ihrer Zeit war alles anders? Stimmt! Deshalb ist vieles nicht vergleichbar. Nützen Sie Ihre Erfahrung, indem Sie sich in die aktuelle Situation und in Ihr Kind einfühlen und lassen Sie diese von dieser Warte aus einfließen!
- Die Abnabelung sollte spätestens jetzt erfolgen. Häufige Telefonate mit Klagen über Job und Partner werfen – unabhängig von Notsituationen – die Frage auf, wo der nun erwachsene Sohn oder die Tochter tatsächlich seinen bzw. ihren Lebensmittelpunkt hat. Natürlich bleiben Sie Eltern und werden im Falle des Falles zuhören oder unter die Arme greifen!
- Putzen Sie nicht von vornherein und regelmäßig die Wohnung Ihres Kindes. Kaufen Sie ihm lieber eine Waschmaschine!
- Kommen Sie nicht unangemeldet, es sei denn, ihr Sohn oder Ihre Tochter wünschen es anders.
- Betreten Sie nicht ohne ausdrückliche Erlaubnis oder ohne Wunsch Ihrer Kinder deren Wohnung.

- Fördern Sie die finanzielle Eigenständigkeit, indem Sie permanente Finanzspritzen vermeiden.
- Überlegen Sie sich gut, ob es tatsächlich anzustreben ist, die Mansarde auszubauen oder aufzustocken, damit Ihre Sprösslinge dort ihr dauerhaftes Heim mit Familie haben. Das funktioniert nur dann, wenn von beiden Seiten her viel Toleranz, Verständnis und Wissen um Schwierigkeiten in solchen Situationen vorhanden ist.
- Sollten Sie im selben Haus oder auf demselben Grundstück wohnen, heißt das nicht, dass Sie deshalb mehr Einblick oder Mitspracherecht in privaten Angelegenheiten haben. Sorgen Sie für getrennte Wohn- und Gartenbereiche mit Sichtschutz und Unabhängigkeit. Lassen Sie das junge Paar als Erwachsene leben, die für sich selbst verantwortlich sind.
- Lassen Sie aber auch nicht zu, dass Ihr Leben von Ihren Kindern und Schwiegerkindern belagert wird.
- Ihre Aufgabe besteht darin, eine stabile Bezugsperson zu sein, auf die sich das Kind ihr Leben lang emotional verlassen kann. Hilfe zur Selbsthilfe. Selbstständigkeit bedeutet nicht, kein Interesse mehr aufzubringen.

Am Ende dieses Kapitels auf den Punkt gebracht

Um das Schiff namens Erziehung gut genug zu navigieren, orientieren wir uns am besten an den »vier Leuchttürmen«, den psychischen Grundbedürfnissen, die alle Menschen in sich tragen und deren Erfüllung sie brauchen. Neben der Sehnsucht nach tragfähigen Bindungen drängt es den Menschen dazu, selbstbestimmt und unabhängig sein Leben zu führen. Eine sichere, tragfähige Bindung ermöglicht es, sich angstfrei aus dem Nest zu trauen, um Schritt für Schritt sein Leben als Erwachsener selbst zu gestalten.

Wir Eltern tragen diese Grundbedürfnisse ebenfalls in uns, weshalb wir spüren können, was unsere Kinder tatsächlich brauchen, auch wenn dies in jedem Alter inhaltlich anders aussieht. Dieses eigene Empfinden, was wir als Menschen brauchen, um ein innerlich glückliches und selbstständiges Leben zu führen, bedeutet jedoch nicht, dass wir inhaltlich stets wissen, wie wir unserem Kind diese Bedürfnisse am besten erfüllen. Deshalb sollten wir immer wieder mit dem Kind gemeinsam überprüfen, ob unsere Bemühungen so ankommen, wie wir dies beabsichtigt haben. Wir Eltern neigen wie jeder Mensch dazu, eigene Erfahrungen, Wünsche und Werte auf unsere Kinder zu übertragen. Deshalb möchte ich Ihnen dringend ans Herz legen, kontinuierlich zu kontrollieren, ob Sie mit Ihren Absichten Ihre Ziele erreichen. Das gilt übrigens genauso für alle anderen zwischenmenschlichen Beziehungen – und eben auch für Ihre Partnerschaft!

Der folgende Abschnitt soll Ihnen auf amüsante Weise zeigen, wie wir einerseits durch unsere Kinder selber vieles dazulernen können, wie wir aber auch durch das Leben mit ihnen vor Augen geführt bekommen, was sie brauchen und was nicht. Durch die Erziehung selbst können wir mit etwas Feingefühl gute Eltern werden.

Elternschaft als Turbo-Ausbildung

Elternschaft ist eine Turbo-Ausbildung in jeder Hinsicht. Sind wir erst einmal Eltern, dann sind wir das 24 Stunden am Tag und 365 Tage im Jahr. Die Anforderungen in der Kinderpflege und -erziehung stellen uns immer wieder vor neue Herausforderungen, da sich die Kinder in ihren Ansprüchen durch ihre oft sprunghafte Entwicklung verändern.

Die Kinder sollen es einmal besser haben oder zumindest genauso gut wie wir! Aber haben wir es nicht auch *durch* unsere Kinder besser? Inwieweit kann unsere Persönlichkeit durch diese Anforderungen wachsen? Neben der Liebe, die uns Eltern die Kraft für unsere Erziehungsarbeit gibt, genießen wir außerdem eine »Fortbildung«, die ihresgleichen sucht. Dieses Bewusstsein, dass eine gut und bewusst gelebte Elternschaft neben der Bereitschaft auf Verzicht und Mühe eine »Win-Win«-Situation darstellen kann, verschafft uns neben den neu erworbenen oder verbesserten Kompetenzen wiederum mehr Sicherheit und Zufriedenheit für unsere Aufgaben. Zufriedene Eltern sind glückliche und aufmerksame Eltern, die durch ihre Erfahrungen tatsächlich wunderbare Eltern werden können – und das ist wiederum gut für unsere Kinder!

Im Job hat es bis dato noch nicht geklappt, eine Führungsposition zu bekommen? Als Eltern werden Sie von heute auf morgen in den Chefsessel befördert. Sie sind die unumstrittene Leitung des Unternehmens »Familie« – ein Leben lang. Auch dann, wenn die Kinder erwachsen sind oder Ihre Beziehung in die Brüche gegangen sein sollte, bleiben Sie Mutter und Vater.

Jobbeschreibung einer Mutter mit Lebenslauf

Psychologin und Lebensberaterin, Philosophin, Kindergartenpädagogin, Lehrerin, Krankenschwester, Haushälterin, Anwältin, Mediatorin, Eventmanagerin, Taxifahrerin, Dekorateurin, Frisörin, Komikerin, Kabarettistin, Schauspielerin, Diplomatin, Karriere-Coach, …

Eltern wissen, dass diese Erfahrungsbereiche keineswegs übertrieben sind, sondern eine Skizze der Realität darstellen. Deshalb werden derartige »Jobbeschreibungen« gerne in Form von Glückwünschen zum Muttertag versendet. Natürlich wäre es eine Anmaßung, sich aufgrund der Mutterschaft allein eine Berufsausbildung im engeren Sinne zuzuschreiben. Erfahrungen und Wissen aus verschiedensten Gebieten, mit denen Sie womöglich sonst gar nicht in Berührung gekommen wären, erschließen sich aber beinahe automatisch.

Um diesem Anforderungsprofil nachkommen zu können, braucht es an Herzenswärme, Einfühlungsvermögen, Bodenständigkeit, Toleranz, Zielorientiertheit, Flexibilität, Spontaneität, Diplomatie, Selbstdisziplin, Konfliktfähigkeit, die Fähigkeit, in »Notsituationen« einen kühlen Kopf zu bewahren, Krisenmanagement, Geschick, Logik, Durchsetzungsvermögen, Frustrationstoleranz, Geduld, Begeisterungsfähigkeit, Offenheit und Lernbereitschaft, Konzentrationsfähigkeit, Selbstkontrolle, also die Fähigkeit, den eigenen »inneren Schweinehund« auszutricksen, Problemlösefähigkeit und eine gehörige Portion Humor. Gerne können Sie diese Liste nach Gutdünken fortsetzen!

Die Liste der erwünschten Eigenschaften guter Eltern ist lang. Aber wer bringt schon all diese Stärken und Erfahrungen mit? Wie können wir all die Fähigkeiten und Fertigkeiten entwickeln, um als Eltern »gut genug« zu sein?

Die Erziehung von Kindern ist von ihren Anforderungen her ansteigend. Ein Baby kann und braucht noch nicht erzogen zu werden, es läuft nicht weg oder verstrickt uns in Diskussionen. Wir lernen während unserer Arbeit Schritt für Schritt Neues dazu – sofern wir aufmerksam sind und diesen Gewinn zu nutzen wissen. Dazu brauchen wir nichts, als den »ganz normalen Alltag«, den wir bewusst erleben, auf uns einwirken lassen und unsere Schlüsse, die wir daraus ziehen.

Elternschaft wird in ihrer Tragweite, ihrer Verantwortung und der persönlichen Entwicklungsmöglichkeit nach wie vor massiv unterschätzt, weshalb ich dieses Kapitel bewusst Eltern widme. Immerhin leben Mütter immer noch mit dem Attribut »ja *nur* bei den Kindern daheim« zu sein und erst dann wieder ihren Beitrag für die Gesellschaft zu leisten, wenn sie möglichst bald arbeiten und ihr Kind so lange wie möglich in eine Krabbelgruppe oder in den Kindergarten stecken. Das wiederum bedeutet nicht, dass Mütter nicht berufstätig sein dürfen. Aber: Sogar in manchen Reklamen wird die Frau als Mutter als diejenige beschrieben, die ja »heutzutage längst nicht mehr *nur* bei den Kindern ist, sondern sich selbstverwirklicht und Zeit für Job, Hobbys und Freunde hat«. Es schwingt die Abwertung der langweiligen, geistig unterfordernden, Kindererziehung mit, die als Lösung jedoch die Mehrfachbelastung fordert, um in der Gesellschaft etwas zu zählen, neben dem, dass es finanziell oft gar nicht anders geht. Die verantwortungsvolle, umfassende Arbeit, einen neuen Menschen rund um die Uhr aufzuziehen und ihn fit für das Leben zu machen, hat kein Prestige, maximal dann, wenn eine Familie mehr als vier Kinder hat und so zu etwas Besonderem wird. Es gibt

Kurse von diversen Anbietern, die lediglich kleine Teile der Anforderungen von Eltern als Ausbildungsmodule anbieten und die durchaus ihre Berechtigung haben. Sie alle gehen in Richtung Zeitmanagement, Personalmanagement, Selbstorganisation, Kommunikation, soziale Kompetenz etc. und schließen mit einem Diplom ab. Mutter und Vater zu sein, fordert all das und bietet eine umfassende, lebensbegleitende Ausbildung, wenn auch ohne Diplom und Master-Titel. Wie oft wird die Verantwortung in Verbindung mit den verschiedensten Berufen hervorgehoben – und das zu recht! Die Verantwortung des Lehrers seinen Schülern gegenüber, die des Arztes seinen Patienten, des Elektroinstallateurs seinen Kunden gegenüber etc. Und wir Eltern? Wir haben über viele Jahre hinweg die Aufgabe, einen völlig neuen, hilflosen Menschen für ein Leben in unserer Gesellschaft fit zu machen. Wenn das keine hochwertige Aufgabe ist?

Eines steht jedenfalls fest: Unsere Kinder sind hervorragende Lehrer und ausgezeichnete Psychotherapeutinnen und Trainer, weil wir ihnen einfach nichts vormachen können. Sie halten uns den Spiegel vor, überreden uns dazu, Dinge zu tun, die wir vorher nie getan hätten, ohne dass für uns ein Schlupfloch bleibt. Mit ihrer Kompromisslosigkeit, ihren bunten Ideen und ihrer sprunghaften Entwicklung lassen sie nur wenig Routine zu. So helfen sie uns auch dabei, dass wir uns zu guten Eltern entwickeln können.

Werfen wir einen kleinen Blick in Ihren Alltag mit Ihren Kindern mit seinen alltäglichen Anforderungen! Wenn Sie all die Leistungen, die Sie tagtäglich bringen, einmal nicht aus dem Blickwinkel der Selbstverständlichkeit aus betrachten, werden Sie erkennen, dass Ihnen das Leben mit Ihren Kindern zu größerem Ideenreichtum, neuem Wissen, und einem breiten Erfahrungsschatz verhilft. Ich wünsche Ihnen viel Spaß beim Durchlesen der folgenden Beispiele aus dem »ganz normalen« Alltag mit Kindern!

Die alltäglichen Herausforderungen – »das bunte Treiben«

Beobachten wir morgendliche Abläufe bewusst, zeigen sich bald die größeren oder kleineren Anforderungen und Problemlösungen. Um Powerfähigkeiten zu entwickeln, braucht es keine schrillen Ereignisse. Die Besonderheit liegt oft im Banalen, das eben gerade deshalb so fordert, weil es so banal ist und nicht auffallen soll. Im Folgenden habe ich Ihnen ein paar kleine Kostproben zusammengestellt.

Als Schauplatz dient der kurze Weg in die Volksschule, den ich mit meinen Kindern hintereinander regelmäßig per Rad bezwungen habe.

Alle haben es eilig, alle sind hochkonzentriert: ob zu Fuß, per Rad, oder Auto. Ein Mädchen saust fröhlich mit dem Scooter in die Fußgängerzone Richtung Schule. Sie kann gut sausen, da ihre Tante die Schultasche schleppt und dem Mädchen mit hängender Zunge nachläuft. Welches Fitness- und Frustrationstraining gleich morgens! Am Beginn der Fußgängerzone schieben Lastautos, die Produkte für den Supermarkt liefern, hin und her. Besondere Aufmerksamkeit ist gefordert, dass den Kleinen nichts passiert! Eine Mutter fährt mit drei Kindern mit dem Rad, wobei das Kleinste noch etwas wackelig unterwegs ist. Die Sinne der Mutter sind auf das Äußerste geschärft, um darauf zu achten, dass das Kleine nicht vom Radweg auf die Straße kurvt, dass die Abstände zwischen den Kindern nicht zu groß sind, aber auch nicht so knapp, dass sie bei einer Bremsung ineinander krachen würden. Wie gut wäre da der sich im vollständigen Kreis drehende Kopf einer Eule, um alles gleichzeitig im Blickfeld zu haben. Eine Gasse muss überquert werden. Gut, dass die Mutter so vorsichtig ist, denn plötzlich biegt vor ihr ein Auto mit vollem Tempo in die Quergasse ein, der Fahrer ins Handy vertieft.

Täglich beinahe zur selben Minute, knapp vor dem Unterricht, rollt ein großes rotes Familienauto halb in die Fußgängerzone, stoppt, spuckt förmlich ein Kind aus und fährt rasch weiter, da man weder in der Quergasse, noch in der Fußgängerzone halten darf. Das Mädchen rennt mit geweiteten Pupillen in Richtung Schule. Daneben balanciert eine Mutter bunte Muffins und eine Geburtstagstorte zwischen den hektischen Schülermassen. Der Gesichtsausdruck der Mutter ist voll konzentriert und fest entschlossen, die Leckereien heil in die Schule zu bringen. Leider beginnt es ausgerechnet jetzt leicht zu regnen. Im Schulhof schleppen sich zwei weitere Mütter mit Tablett und Korb ab: Ach ja, heute ist ja »gesunde Jause«! Probleme wie eine für den Radkorb etwas zu große Kuchenplatte müssen rasch und effizient gelöst werden. Zu der Anforderung der gesunden Jause fügen sich noch besonders interessante Extras: zum Beispiel für den Unterricht Tiere mitzubringen! Das ist ja bei den kleinen, handlichen »Stabschrecken« aus dem Terrarium noch kein Problem. Baby-Kaninchen mit dem Fahrrad zu transportieren, ist schon eine größere Herausforderung. Natürlich passt der Transportkorb nicht exakt in den Fahrradkorb, weshalb erneut improvisiert werden muss. Schildkröten sind einfacher, da sie handlich und obendrein offenbar von einer beneidenswerten Gelassenheit sind. Auch Mäuse und Hamster finden immer wieder den Weg in die Schule.

Die eindrucksvollste Erscheinung aber betrifft eine Mutter, die mit ihrem – ich nenne es »Bio-Taxi« – täglich ihre Kinder in der Schule und im Kindergarten ablieferte.

Das »Bio-Taxi« ist ein Fahrrad mit Kindersitz und (!) einem Anhänger. Sie transportierte also mit ihrem Rad drei Kinder. Brav bleibt sie beim Musikgeschäft stehen, da dort das Fahrverbot der Fußgängerzone beginnt. Dann hebt sie das eine Kind aus dem Fahrradsitz und schiebt das Rad zur nahegelegenen Schule. Etwas gerädert landet sie im Schulhof, überreicht der Tochter die Schultasche, die sie auch noch irgendwo am Rad deponiert hatte. Im Anhänger sitzen die beiden anderen Kinder und blicken mäßig geduldig an einem Gebäck knabbernd und gut eingepackt heraus.

Jahrelang traf ich diese Mutter auf dem Schulweg mit ihrem Bio-Taxi, das sich nur insofern veränderte, als die Kinder nach und nach selbst mit ihrem Rad fahren konnten. Der Anhänger blieb für den Einkauf dran. Sehr praktisch! Eines Tages hätte ich diese Frau beinahe übersehen, da sie ohne Rad und Anhänger bei der Schule einfach zu Fuß unterwegs war. Doch sie sollte eine besondere Erscheinung bleiben.

Einige Tage später sehe ich sie im Schulhof, zwar ohne Rad, dafür aber mit einem Kontrabass auf dem Rücken. Mir bleibt die Spucke weg. »Du hast es dir aber nicht wirklich verbessert?«, rufe ich ihr zu. Sie lächelt und meint: »Ja, leider hat sich mein Sohn als Musikinstrument den Kontrabass eingebildet!« Wenn ich daran denke, dass es auch eine kleine Flöte oder wenigstens eine Violine hätte sein können … Aber man will den Kindern ja ihre Wünsche erfüllen, will ihnen das anbieten, das sie brauchen, um sich bestens entwickeln zu können. Aber vielleicht war ja nur mehr der Kontrabass als attraktive Alternative frei. Mein Sohn hatte ebenfalls ein Jahr ein Cello als Alternative zur Blockflöte an der Musikvolksschule. Danach kam die Gitarre, die natürlich auch ich transportierte – aber wenigstens am Fahrrad.

Ich selbst bemerke, wie der erste Druck des Tages abfällt und so schlendere ich vergleichsweise gemütlich aus dem Schulareal auf die Fußgängerzone, wo mir die letzten Schüler entgegenhasten. Die Morgenaufgabe ist erfüllt. Ich komme beim Kindergarten vorbei, wo Eltern zwar weniger hektisch als vor der Schule, aber dennoch konzentriert nach Parkplätzen suchen und ihre Kinder in der Gruppe abliefern. Es muss schnell gehen, da sie womöglich im Halteverbot stehen und das Baby im Auto die ganze Zeit über unruhig war. Ein schneller Rundumblick, ob womöglich irgendwo bereits der Polizist mit dem Strafzettel lauert, schnell noch die Schlammhose und die Gummistiefel aus dem Auto holen und hinein ins Haus. Ach ja, auch noch die Gegenstände für den »Buchstaben der Woche!« nicht vergessen!

Das war erst der Morgen, der von Eltern rasches, effizientes und oft kreatives Handeln abverlangt. Frühstücken, Jause und Kleidung kontrollieren oder das Baby wickeln, während das andere Kind seinen Kakao schlürft, dazwischen eine schon dringende Unterschrift für die Schule tätigen, die richtigen Geldmünzen für die Schwimmstunde in der Schule bereitstellen und vieles mehr. Nach solchen morgendlichen Aktivitäten, nach denen jeder Morgenmuffel zwangsweise wach ist, hasten Eltern schließlich zum Job und/oder in den Supermarkt, um für das Mittagessen einzukaufen. »Was soll ich heute kochen? Ich habe so gar keine Idee! Ich weiß nur, dass es jedem schmecken, rasch zubereitet werden und auch gesund sein soll! Viel Zeit bleibt auch nicht, also lasse ich mich einfach inspirieren!« Erstaunlich, dass Mütter doch fast immer fündig werden und sich dazu zu absoluten Spezialistinnen für die blitzschnelle und gesunde Küche entwickeln.

Endgültig erwachsen werden müssen …

Was haben Sie alles dazugelernt, seit Sie erfahren haben, dass Sie ein Kind erwarten? Eltern bestätigen mir meist ohne Zögern, dass sie durch ihre Kinder endgültig »erwachsen« geworden sind, da nun die kompromisslose Verantwortung für ein neues Leben da ist, die nicht wegdiskutiert werden kann. Die eigenen Bedürfnisse und Gefühle wie Angst, Unsicherheit, Ärger und Traurigkeit, müssen ein Stück weit abgeflacht und besser bewältigt werden, um dem Kind die Sicherheit zu geben, die es braucht. Immerhin geht es ja in der Erziehung sehr oft darum, dem Kind Angst zu nehmen oder ihm zu zeigen, wie es mit Situationen, die es ärgern oder die es nicht ändern kann, umzugehen. Da ist rasche Entwicklung bei den Eltern angesagt. Aber glücklicherweise wachsen wir Eltern an den Aufgaben und haben es nicht von Anfang an mit trotzigen Kleinkindern oder rebellischen Jugendlichen zu tun.

Eine junge Mutter beschreibt dies so: »Während der Schwangerschaft war alles in Ordnung: Mir und dem Baby ging es gut. Ich war, wie alle Schwangeren, ständig beim Arzt und habe akzeptiert, dass bei uns die medizinische Versorgung bzw. Vorsorge so läuft. Ich war zuversichtlich und konnte mit dem Babybauch mein bisheriges Leben relativ unverändert weiterleben. Gleichzeitig war ich etwas ängstlich vor der Geburt und der Zeit danach. Was es heißt, wenn etwas nicht mehr im Rahmen ist, habe ich durch die Frühgeburt und den anschließenden wochenlangen Aufenthalt meines Sohnes im Kinderspital erfahren. Notkaiserschnitt, Intensivstation, das war viel auf einmal. Gleichzeitig habe ich gewusst: Jetzt musst du erwachsen handeln, dich zusammenreißen, stark sein, dich so gut wie möglich um dich selbst und um das kranke Neugeborene kümmern. Die Anweisungen der Ärzte, Schwestern, des Krankenhauspersonals befolgen, denn sie wissen, was jetzt mit dem Baby zu tun ist. Diese Phase in meinem Leben war vom Gefühl begleitet, jetzt wirklich erwachsen zu sein. Es war auch nötig, eigene körperliche Bedürfnisse (Schlaf, Ruhe wegen Erkältung) zurückzustellen. Die Verantwortung für mein Kind und die Angst, dass es nicht gesund werden könnte, haben mir gezeigt, worauf es ankommt. Mein Blick auf das Leben und den Lebenskreislauf zwischen dem Auf-die-Welt-Kommen und Sterben hat sich durch dieses elementare Erlebnis von Geburt, neuem Leben und Krankheit komplett erneuert. Auch die Partnerschaft erscheint durch die neuen Aufgaben in einem neuen Licht.«

Ein weiteres Beispiel zeigt, wie sich Denkansätze zum Thema Umwelt und Gesellschaft verändern: »Mein Blick auf unsere gesellschaftlichen Rahmenbedingungen, die für Kinder und Familien herrschen, hat sich erneuert, da ich jetzt auch dazugehöre. Ohne selbst ein Kind zu haben, war es für mich nicht möglich nachzuvollziehen, was es heißt, die Verantwortung zu haben und den Alltag mit einem Kind zu verbringen. Zum einen nutze ich die soziale Absicherung, die Sozialleistungen und Kinderbetreuungseinrichtungen und bin froh über diese Möglichkeiten. Zum anderen sehe ich die Einschränkungen für Eltern etwa in der Berufswelt und die Tatsache, dass sich Kinder und Familien der Leistungsgesellschaft, dem ständig erwünschten Wirtschaftswachstum und vielen Sachzwängen unterordnen müssen. Zeit, Muße für freies Spielen, Trödeln und Aufenthalte in der Natur – alles, was für Kinder besonders wichtig ist – bleiben zu oft auf der Strecke. Dennoch habe ich mein Privatleben so adaptiert, dass es möglich ist und meine Werte, was echter Luxus ist, überdacht. Mit Familien, Vätern, Müttern, Kindern fühle ich mich heute viel stärker verbunden, weil ich jetzt verstehe, wie ihre Lebensrealität aussieht, was sie beschäftigt und was sie vermutlich brauchen und sich wünschen. Auch Fragen nach aktuellen politischen Geschehnissen, Umweltproblemen und globalen Schwierigkeiten erscheinen in einem anderen Licht, da ich nicht mehr nur für mich selbst Verantwortung trage, sondern diese für ein neues, noch so von mir abhängiges Leben übernommen habe.«

Automatisch fit durch Kinder!

Klein und leicht sind sie, die Babys! Tatsächlich?

Da der Haushalt geduldig auf den Einsatz seiner »Angestellten« wartete, entschloss ich mich als frischgebackene

Mutter dazu, mal wieder gründlich sauber zu machen. Dazu musste ich beispielsweise die Matratzen von den Betten kippen und die Lattenroste des Ehebettes herausheben. Zack! – das sonst mühselige Anheben dieser sperrigen Teile war ohne besondere Anstrengung erledigt. Verdattert stand ich da und betrachtete etwas später meine Muskeln. Na, das war ja erfreulich! Wie nach einer Zeit im Fitnesscenter! Mein Baby war gerade einmal drei Monate alt und dann dieser Kräftezuwachs? Wie konnte das so unbemerkt passieren?

Als mein erstes Baby etwa drei Monate alt war, wog es bereits satte sechs Kilo! Mein Sohn fand es sehr unterhaltsam, in der Tragehilfe beim Staubsaugen auf mir zu hängen und dem Geschehen zu folgen. Sein Gewicht und die dazugehörigen Bewegungen, ermöglichten ein schweißtreibendes Training ohne Fitnesscenter! So lassen sich Haushalt und Sport zeitlich effizient verbinden!

Wenn wir den Alltag einer Mutter aufmerksam betrachten, bekommen wir noch besseren Einblick in die nebenbei absolvierten Trainingseinheiten: Babys sind bald gar nicht mehr so leicht oder bleiben es jedenfalls nicht. Dazu kommt, dass sie sich nicht selbst halten können und zumindest anfangs inklusive Köpfchen gestützt werden müssen.

Wie sieht nun das Trainingsprogramm einer Mutter aus? Das Kind, also drei Kilo aufwärts, wird häufig hochgehoben, das Herauslösen des Sitzes von einem Kinderwagen, um diesen Sitz samt Kind ins Auto zu verfrachten, was so viel heißt, wie sich über das Kind zu beugen, um den Gurt zu schließen, ohne das Kind zu bedrängen. Den Kinderwagen zusammenklappen und in den Kofferraum zu wuchten, häufig eine Tragehilfe benutzen und vieles mehr. Dazu gesellen sich Situationen, die die Mutter dazu zwingen, ein paar Übungen zur Stärkung der Muskeln, der Koordination und der Balancefähigkeit durchzuführen: Wie oft müssen Mütter, bepackt mit Rucksack und Baby, womöglich gleichzeitig einen Schnuller, ein Häubchen oder einen Schuh aufheben oder auf einem Bein stehend versuchen, den Absturz eines wichtigen Utensils wie Schnuller oder Kuschelbär in eine Dreckpfütze zu verhindern?

Neben dem Power-Training gibt es den »Workout«- und »Sprint«-Bereich: Sobald Kinder krabbeln können, laufen die Eltern ebenso, ob sie wollen oder nicht. Kein Kind bleibt ewig im Laufstall, was ja auch nicht dauerhaft zu empfehlen ist. Entweder das Kind zwingt die Eltern mit Geschrei, der »Gefangenschaft« ein Ende zu setzen oder sie klettern irgendwann selbst aus Laufstall oder Gitterbett. Kinder sind, wie es so schön heißt, »überall dran«. Zudem gibt es Kinder, die einfach vor nichts Angst haben und gleich überall hochklettern. Kinder können, obwohl sie erst krabbeln, durchaus über die Leiter auf einen Baum klettern oder auf ein Regal, das hoffentlich an der Wand befestigt ist. Dies wiederum ist noch kein Schutz vor herunterfallenden Büchern. Deshalb ist eine gewisse Sprintbereitschaft angesagt, überhaupt, sobald sich das Kind verdächtig still im Nebenzimmer verhält, während Sie sich gerade auf der Toilette zurückgezogen haben.

Auch spontane motorische Reaktionen und Reflexe stehen auf der Trainingsliste. Wie oft sind Eltern gefordert, umkippende Gläser, auf den Boden fallende Löffel oder Schnuller »gerade noch« aufzufangen oder die ausgeschüttete Flüssigkeit rasch mit einem blitzschnell organisierten Taschentuch auf dem Tisch zu bremsen, bevor diverse Kleidungsstücke davon erfasst werden.

Ich erinnere mich in diesem Zusammenhang an eine Mutter, die ihr dreijähriges Mädchen aus dem Kindergarten trug. Das Kind knabberte währenddessen an einem Apfel. Plötzlich schleuderte das Mädchen den Apfelrest mit voller Kraft und Überzeugung von sich weg, was ja an und für sich kein Problem ist, wenn nicht das Gesicht der Mutter in der Wurflinie gewesen wäre. Mit einem Ruck wich die Mutter mit dem Kopf in Sekundenbruchteilen aus und verhinderte tatsächlich, von dem Geschoß getroffen zu werden. Erstaunlich! Ich wusste, dass sie bis dato nicht die Kampfsportart Kung-Fu ausgeübt hatte. Was ihre Halswirbelsäule zu dieser Meisterleistung gesagt hat, weiß ich allerdings nicht!

Sobald Sie mobile Kinder haben, wissen Sie, wie schnell Sie tatsächlich laufen können. Unverhoffte Situationen zwingen sogar unsportliche Eltern dazu, ihren Kindern nachzusprinten, die versuchen, auf dem Gehsteig davonzulaufen oder das heiße Backrohr zu öffnen oder im Nebenzimmer Dinge zu kosten, die sie sicher nicht kosten sollen. Die Aussage »sobald Kinder ruhig sind, wird es gefährlich und man sollte schleunigst nachsehen, was sie gerade tun«, erfreut sich allgemeiner Bekanntheit und stimmt einfach, auch dann, wenn wir versuchen, Gefahrenquellen penibel auszuschalten.

Daneben gibt es genug Möglichkeiten für ein »Cardio-Training«. So schlafen Babys im Kinderwagen oft besonders gut. Leider finden manche Babys allzu großen Gefallen daran, beim Schlafen umhergetragen zu werden, was meist mit Schlafentzug der Eltern einhergeht. Aber auch später, wenn die Kleinkinder Eltern über einen Marktplatz laut lachend davonlaufen, weil es lustig ist, wenn Mama so verrückt aussieht, wenn sie hochrot im Gesicht mit weit geöffneten Pupillen und verworrenen Haaren nachhastet. Mütter wissen sich diesbezüglich zumindest auf der »Symptomebene« rasch zu helfen: kurzes Haar oder zu einem Pferdeschwanz zusammengebunden, bleiben sie auch in den ärgsten Trainingssituationen ansehnlich.

Dass Turnschuhe viel eher angesagt sind als High Heels erklärt sich von selbst, Hosen statt Miniröcke, weil vielleicht geklettert, in ein Zelt am Spielplatz gekrochen oder mit dem Kleinkind die Rutsche gemeinsam heruntergerutscht werden muss, weil es sich allein noch nicht traut oder es nicht kann. Das Schaukeln auf der Wipp-Schaukel mit einem kleinen, viel leichteren Kind auf der anderen Seite bedeutet massives Training für die Oberschenkel! Fleckenlose Shirts sind eine

Momentaufnahme und schon deshalb entsprechend pflegeleicht, weil gemustert. So viel noch nebenbei zum mütterlichen Dresscode!

Durch unsere Kinder bekommen wir somit auch das körperliche Training, um mit ihnen all das unternehmen zu können, was Spaß macht. Sind wir selbst körperlich aktiv, werden wir die Freude an der Bewegung auch unseren Kindern besser weitergeben können – sofern es in einem angemessenen Rahmen bleibt. Zwangsweise stundenlange Wanderungen mit jammernden Kindern und Blasen an den Füßen bringen womöglich wieder eher Coach-Potatoes hervor.

Flexibilität, Spontaneität, kreatives Problemlösen: alles anders und das rasch, bitte!

Sobald Kinder das Licht der Welt erblicken, tritt dieser Ausbildungsabschnitt in Kraft und endet nie. Wir können noch so viele schlaue Bücher gelesen oder Dokumentationen gesehen haben, wir werden sicher nicht auf jede Situation vorbereitet sein. Ich würde eher meinen, dass man sich auf kaum eine Situation vorbereiten kann – nicht einmal so wirklich auf die Geburt! Sie beginnt dann, wann sie beginnt und prinzipiell nicht dann, wenn Sie damit rechnen. Unser Töchterchen hat sich beispielsweise eingebildet, zwar termingerecht zu kommen, aber erst, als ich total müde war und unbedingt schlafen gehen wollte.

Sollten Ihre Kinder schon groß sein und Sie all die genialen Ideen Ihrerseits vergessen haben, beobachten Sie am besten junge Mütter, die dabei sind, den Alltag zu bewältigen. Es ist erstaunlich, wie die Ideen zur Problemlösung nur so aus den Eltern heraussprudeln, sogar von Menschen, die von sich behaupten, »nicht kreativ« zu sein! Wie es eben oft so ist: Wenn man etwas muss, ist es plötzlich kein Problem –

auch das »Kreativ-Sein« nicht. So hatte ich die Aufgabe, für eine Freundin in Begleitung meines kleinen Sohnes, der im Kinderwagen saß, ein Geburtstagsgeschenk zu besorgen. Dafür musste ich in ein recht enges Geschäft mit wunderbaren, bunten, glänzenden und klimpernden, aber auch vielen zerbrechlichen Dekorationsgegenständen. Ein Eldorado für Kleinkinder! Ich löste diese »Gleichung« so, indem ich das Einkaufen in die Jausenzeit legte. Den Kinderwagen parkte ich so in der Nähe der Kasse, dass mein Sohn nicht an die Ware kam, Passanten aber am Wagen vorbei konnten, drückte ihm einen Früchteriegel in die Hand und suchte im Geschäft zügig nach einem passenden Geschenk. Ich hatte ungefähr zehn Minuten Zeit und ihn immer im Blickfeld. Mein Sohn knabberte in der Zwischenzeit andächtig an seiner Jause. Zufrieden kehrte ich mit einem netten Geschenk zurück und hatte sogar noch ein bisschen Zeit, dies entsprechend verpacken zu lassen. So effizient war ich ohne Kind beim Einkaufen nie gewesen!

Dieses Beispiel lässt Möglichkeiten offen, wie die Situation »Einkaufen mit einem Kleinkind in einem Geschäft mit zerbrechlichen Gegenständen« noch lösbar wäre. Doch es gibt weit gefinkeltere Situationen, die eine Planung überhaupt nicht zulassen, weil sie ohne Vorbereitungsmöglichkeit passieren und deshalb sofort eine Lösung her muss: Eine Freundin schilderte mir, dass sich ihre damals dreijährige Tochter ein Popcorn in die Nase geschoben hatte. Sämtliche Versuche, das Popcorn zu entfernen, schlugen fehl. Das Popcorn wollte einfach nicht mehr heraus, sondern rutschte natürlich immer tiefer in das kleine Näschen und verursachte Schmerzen, Panik und keine Luft durch ein Nasenloch. Das Mädchen tobte, schrie und ließ ihre Mutter nicht an ihre Nase heran und wenn doch, dann nur kurz. Also ab ins nahegelegene Krankenhaus auf die Kinderstation. Es brauchte eine Reihe an Tricks, die es dem Arzt schließlich ermöglichten, das Popcorn aus der Nase zu entfernen.

Mein dreijähriger Sohn freute sich dermaßen, dass er schon so gut Schnüre verknoten konnte. Deshalb machte er mindestens zehn extrem feste Knoten in die Taillenschnüre seiner Hose und zeigte sie mir stolz. Kurz darauf meldete er, dass er dringend mal müsse und zappelte wie wild! Leicht gesagt mit einer zehnmal zugeschnürten Hose! Was tun? Zehn Knöpfe in Rekordzeit öffnen? Die Taille dehnen und so versuchen, die Hose herunterzubekommen? Oder musste einfach die Schere her? Ich glaube, wir haben es mit Dehnen geschafft. Danach konnte ich mich mit der feinmotorischen Übung auseinandersetzen, die fest zusammengezogenen Knoten wieder zu öffnen.

Welche Tricks sind oft nötig, Kinder von einem Spielplatz oder einer Kinderparty wieder wegzubekommen? Amüsiert höre ich das Repertoire der wartenden Eltern, das nach und nach zwecks Anlockens der Kinder durchforstet wird, weil ich mir dann sagen kann: »Ach ja, jetzt versuchen sie es so, ... klappt nicht ganz, das Kind schaut nur, kommt aber nicht oder läuft davon, um sich im Kinderzimmer zu verstecken. Ich kenne diese Strategie! Bei mir hat sie auch nicht funktioniert ... bin gespannt, wann der Treffer kommt und womit sich das Kind überzeugen lässt!«

Was assoziieren Sie mit dem Begriff »Stadtfest« in Kombination mit Kleinkind und/oder Baby? Ich bringe neben dem bunten, gut gemeinten Treiben recht stressige Momente in Verbindung. Zuerst gilt es, das Kleinkind zu den Attraktionen, wie Tiere streicheln, Kinderschminken oder Gratiskipferl, zu schleusen. Wie lange müssen wir noch auf den Zug warten, der gratis durch die Innenstadt fährt? All die prinzipiell netten oder gut gemeinten Preise wie Gummibärchen, Folder, Aufkleber, Malheftchen oder Fähnchen müssen neben dem Einkauf verstaut werden. Das ist ja alles schön und lustig, wobei ich nicht sicher weiß, ob es das tatsächlich immer ist, da die Eltern gefordert und die Kinder manchmal genötigt wirken. Nicht jedes Kind liebt Hüpfburgen, denn manche trauen sich nicht, mit all den anderen übereinander zu purzeln. Manche Eltern aber versuchen, es dem Kind schmackhaft zu machen. »Schau, probier es doch! Da sind andere Kinder, denen es ja auch Spaß macht!« Andere wollen wieder so gar nicht von der Hüpfburg herunter und lassen die Eltern sich die Beine in den Leib stehen.

Dann aber kommt zu guter Letzt die große Herausforderung: Im Wind schwingen rote Gasluftballons, die von der Stadt oder zu Werbezwecken von diversen Geschäften an die Kinder verschenkt werden. Die Eltern blasen zum Angriff und stürmen auf die besagte Stelle, um noch einen Luftballon zu ergattern. Der Kampfruf »Alles für das Kind!« steht ihnen ins Gesicht geschrieben. Auch mir war das Jagdglück gewogen. Total glücklich strahlte meine kleine Tochter den großen, roten Luftballon an! Nein, es waren zwei, da ich noch einen für meinen drei Jahre älteren Sohn mitgenommen hatte. Der Kinderwagen war mit Einkäufen voll beladen. Wohin nun mit diesen empfindlichen Dingern? Vorsichtig befestigte ich sie am Lenker des Kinderwagens. Der Wind blies die beiden Ballons hin und her. Natürlich gab es viele andere mit dem gleichen Problem und den daraus folgenden Komplikationsmöglichkeiten. Na, das konnte heiter werden! Ich wusste: Ich *muss* beide Ballons heil nach Hause bekommen, sonst erleben meine Kinder eine herbe Enttäuschung! Ich schleuste den Kinderwagen mit den Ballons angespannt zwischen den Menschenmassen hindurch und erreichte endlich einen kaum frequentierten Gehsteig außerhalb des inneren Zentrums. Da riss ein starker Windstoß einen Ballon los und blies ihn auf der Straße davon. Ich stellte die Bremse, ließ Kind mit Kinderwagen stehen und rannte, was das Zeug hielt. Ein Auto blieb glücklicherweise vor dem Ballon stehen. Offensichtlich wusste der Autofahrer genau, was ein kaputter Ballon für Folgen haben kann! Er traute sich einfach nicht weiterzufahren! Ein schreiendes Kind und eine rasende Mutter? Bloß nicht! Doch der Ballon flog noch ein paar Meter weiter und ich hinterher. Dann aber fing ihn ein Passant auf und so konnte ich hoch erhobenen Hauptes zu meinem Kind zurückkehren, das das Spektakel konzentriert beobachtet hatte. Ich band den Ballon noch fester an und hielt ihn extra fest. Ich musste noch vorbei an rauen Hausmauern, Brettern mit herausstehenden Nägeln und unter einer großen, stacheligen Fichte durch: ein Hindernislauf sondergleichen, der mir vollste Konzentration und enormes Feingefühl abverlangte. Endlich waren wir daheim! Zufrieden ließen wir vor den Augen der beiden Kinder die Ballons im Zimmer steigen. Beide freuten sie sich sehr und sahen den Ballons zu, wie sie über die Decke des Zimmers tanzend sich ihren Weg suchten. Plötzlich aber krachte es fürchterlich! Ein Ballon zerplatzte an einer offenbar zu rauen Kante. Die Verzweiflung der Kinder war lautstark, bei meinem Sohn sogar nachhaltig: Immer wieder werden Kindern aufgeblasene Luftballons angeboten. Doch mein Sohn reagierte unerwartet, als ihm eine Dame beim Kauf neuer Schuhe noch einen Luftballon in die Hand drücken wollte: »Nein, danke! Ich will keinen!«, antwortete er der verdatterten Dame, die ihn zögerlich wieder an sich nahm. Mein Sohn erklärte: »Ich mag keine aufgeblasenen Luftballons! Sie werden so leicht kaputt und dann weinen die Kinder!« Heute ist er fünfzehn und vertritt immer noch die gleiche Meinung wie damals – und das sehr überzeugend!

Schulkinder stellen uns ebenso oft vor Situationen, die schnelles Handeln erfordern. Ab jetzt müssen Eltern diagonal lesen können! Wie oft habe ich morgens im noch schlaftrunkenen Zustand ein klein bedrucktes DIN-A4-Blatt unter die Nase gehalten bekommen, kommentiert von einer fordernden Stimme: »Bitte unterschreiben! Sonst bekomme ich ein Minus, weil es schon längst abgegeben sein sollte!« Das auch noch! Neben dem, dass Montag ist, Frühstück und Jause hergerichtet werden müssen, die jüngere Schwester einfach nicht aufsteht, sich das Anziehen wie ein Kaugummi zieht und es schon spät ist, soll ich noch in Windeseile lesen, was ich nicht nur dringend unterschreiben, sondern entscheiden solle oder besser, schon längst entschieden haben sollte. Auch wenn es nur darum geht, ob ich Kuchen, Aufstriche, Geld oder gar nichts für ein Schulfest beisteuere, von dem ich nicht einmal weiß, ob es sich nicht mit einem anderen Termin der Chaos-Monate vor dem Schulschluss überschneidet.

Das Schulkind patzt bei der Hausübung das Heft mit Tintenflecken voll, weil die Füllfeder rinnt und es sich nicht die Finger gewaschen hat. Den Tintenkiller findet es nicht oder er ist schon wieder leer. Das Kind ärgert sich und beschimpft seine »hässliche« Schrift und meint, dass es niemals schön schreiben können wird! »Bemüht« hat die Lehrerin zuletzt unter die Hausübung geschrieben, was so viel heißt wie »Na ja, berühmt ist das ja nicht gerade!« Und das in der ersten Klasse! Jetzt muss Mama noch schnell einen Tintenkiller kaufen gehen! Dazu kommt, dass das Kind nun doch nicht sicher weiß, was es genau zur Hausübung aufhat. Wie die Freundin mit Familiennamen heißt, weiß es nicht. Wo ist denn die Schülerliste? Glücklicherweise haben die Kinder eine WhatsApp-Gruppe gegründet. Also die Freundinnen fragen, doch sie antworten nicht, waren seit Stunden nicht online und sonst meldet sich nur die Antwortbox. Irgendwo finden sich schließlich ein Name und eine Nummer, bei der es vielleicht klappt! Irgendwann ist dieses Problem gelöst und wir fühlen uns so erfolgreich, als wären wir mit einer großen Beute heimgekommen oder hätten ein kniffliges Rätsel gelöst!

An einem Nachmittag vor dem Jahreswechsel erwarteten wir Gäste und so war ich in Vorbereitungen. Meiner damals siebenjährigen Tochter erlaubte ich für den Nachmittag zwei Freundinnen einzuladen. Sie beschäftigten sich brav selbstständig und taten das, was Mädchen in diesem Alter am liebsten tun: verkleiden! Wunderbar! Her mit den beiden Verkleidungskisten, denn damit sind sie gut beschäftigt, es kann nichts passieren und kaputt wird auch nichts. Nach einiger Zeit, es war verdächtig ruhig, schaute ich nach oben und fand die drei Mädels im Badezimmer. Doch da traf mich fast der Schlag: Mit knallrotem Gesicht grinste mich das eine Mädchen an! Ich checkte in meinem Gedächtnis nach der Möglichkeit von Utensilien in unserem Haushalt, die so eine Art und Konsistenz von Rot erzeugen könnten. Da blieb nur mehr ein Lippenstift übrig! »Was ist das für ein Lippenstift?«, fragte ich beherrscht entsetzt. »Na, die Kinderschminke, Mama!«, meinte meine Tochter harmlos. Sie hatte bei einer ihrer Partys tatsächlich eine große Palette Schminke mit einer Unmenge an Lidschatten und Lippenstiften bekommen, die ich aufgrund der unbekannten stofflichen und chemischen Zusammensetzung eher kritisch betrachtete. Ich hatte meiner Tochter damals eindringlich vermittelt, dass sie damit nur die Puppe schminken dürfe. Wenn sie an sich selbst etwas auftrage, dann nur ganz wenig und nicht auf den Mund! Und jetzt stand da ihre Freundin, mit knallrotem Lippenstift-Gesicht vor mir. Nun hatte ich alle Hände voll zu tun, dieses Gesicht wieder von dieser dicken Farbe zu befreien, ohne die Haut zu sehr abzuschrubben. Not macht erfinderisch und mit gespielter Gelassenheit schaffte ich es gerade noch, das Gesicht wieder rein zu bekommen, bevor die Mami des Mädchens anläutete, um es abzuholen. Angenehm wäre es nicht gewesen, das Mädchen mit rotem Gesicht oder womöglich allergischer Reaktionen ihrer Mutter zu übergeben!

All diese herausfordernden Situationen zu überwinden und positiv zu lösen, können im Endeffekt mehr Nervenstärke bei uns Eltern bewirken. Im Laufe der Jahre und mit jedem weiteren Kind gibt es immer weniger Herausforderungen des Alltags, die uns erschrecken. Wir werden gelassener – und das ist wieder gut für unsere Kinder! Die Fähigkeit, manches nicht mehr so eng zu sehen und über das eine oder andere schmunzeln zu können, wird nicht umsonst oft den meist recht erfahrenen Großeltern zugeschrieben.

Zeit- und Eventmanagement

Wenn sich eine Mutter bei einer Firma bewirbt, kann sich der Arbeitgeber relativ sicher sein, dass diese Frau von Anfang an lernen musste, Zeit effizient einzuteilen: Während das Baby schläft, kann man kochen, putzen oder mal unter die Dusche. Wenn das Baby morgens gestillt und gewickelt wird, bekommt das größere Kind seinen Kakao, den es schon selbstständig trinken kann. Ist das Baby satt, trocken und zufrieden, liegt es vielleicht gern in der Wippe und spielt mit einem Babyspielzeug. Währenddessen wird dem älteren Kind beim Anziehen assistiert. Ist das Baby noch fröhlich, geht sich sogar das Zähneputzen des älteren Kindes aus. Langsam wird das Baby müde, wird in die Straßenbekleidung gepackt und anschließend in die Tragetasche des Kinderwagens gelegt, wo es gleich wieder einschläft. Dann folgt der Weg zum Kindergarten für den Großen. Der Einkauf für das Mittagessen kann wohl zügig erledigt werden, bevor das Baby wieder wach wird. Die Frage danach, wann geputzt und vor allem, was gekocht wird, dass es preisgünstig, gesund, rasch in der Zubereitung ist und von jedem Familienmitglied gegessen wird, sind Herausforderungen, die nebenbei und möglichst unauffällig gecheckt werden sollten.

Später gesellen sich Hausübungen, Schularbeitsvorbereitungen, Elternabende und Lehrersprechstunden dazu sowie Taxifahrten zu diversen sportlichen, tänzerischen oder sonstigen Aktivitäten und zu Freundschaftsbesuchen.

Eine besondere Herausforderung stellen die Kontakte zu den gleichaltrigen Freunden dar, insbesondere dann, wenn der Zusatz »mit Nächtigung« gebucht wird. Letzteres bedeutet neben Ersatz-Zahnbürsten, je nach Alter, ein nachts eingeschaltetes Handy, um die Eltern des Gastkindes zur Not zwecks Abholung zu kontaktieren, die Möglichkeit einer persönlichen Krisenintervention, wenn das Kind in der tiefsten Nacht so tut, als ginge es um den Weltuntergang oder die wiederholte Ermahnung wegen zu hohem Geräuschpegel, weil sich die Jungs vorgenommen haben, die Nacht zu Halloween mit Cola und Chips »durchzumachen«.

Was Partys anbelangt, muss natürlich alles passen. Neben den geschmacklich, allergietechnisch und kulturell entsprechenden rasch und sauber zuzubereitenden Speisen gilt es, ein passendes Unterhaltungsprogramm bereitzustellen. Die Berücksichtigung dessen, was jedes Kind kann, gerne möchte oder so gar nicht will, sollte im Hinterkopf gespeichert sein. Dazu noch alle Handynummern der zugehörigen Eltern. Für den Fall der Fälle liegen natürlich Kühlbeutel, Pflaster und Desinfektionsmittel, Haushaltsrollen, aber auch Ersatzwäsche und Schwimmhilfen, sollte jemand sie doch daheim vergessen haben, griffbereit. Dazu ertappte ich mich bei der Anrufung des »Wettergottes«, um den Garten wie geplant nützen zu können. Es war ein unglaubliches Spektakel: Ein paar Kinder sprangen im Trampolin, während andere mit dem überbesetzten Tretauto herumdüsten, sich im Dosenschießen übten oder einfach rannten. Das Schwimmen war zeitbegrenzt und von meinem Mann, der sich als Bademeister einsetzte, lückenlos überwacht. Nach der gelungenen Party ließen mein Mann und ich einen Sektkorken knallen – zur Feier des überstandenen Tages.

Soziale Fertigkeiten

Ein wesentlicher Profit, den Sie durch Kinder genießen können, ist die Herausforderung im Bereich der »sozialen Fertigkeiten«. Sobald Sie Kinder haben, werden Sie gezwungen, sich dort zu Wort zu melden, wo Sie sich vielleicht bisher nicht getraut haben, »Nein« zu sagen, sich durchzusetzen oder sich einfach zu blamieren.

Der Umgang mit Kritik und Peinlichkeit: Top-Gelegenheiten vom Baby bis in die Pubertät

Kein Mensch will bloßgestellt werden. Dieses Urgefühl betrifft die oft nicht so abwegige Angst vor Ausgrenzung und somit Ausschluss aus dem sozialen Verband, von dem jeder Mensch abhängig ist. Deshalb ist es uns wichtig, nicht über Gebühr aus der Reihe zu tanzen, um nicht negativ oder vielleicht sogar überhaupt nicht aufzufallen. Wir kennen dieses Gefühl aus dem Schulunterricht, wenn der suchende Blick des Lehrers über die Klasse schweift, um nach einem Prüfling zu suchen und Sie wollen so gar nicht drankommen! Dann werden Sie alles tun, um sich wie ein Loch in der Luft zu verhalten und beispielsweise jeglichen Blickkontakt meiden. Oder Sie lenken ab, indem Sie einen Hustenanfall vortäuschen oder an der Kontaktlinse herumfingern.

Menschen, die sogar Spaß daran finden, sich öffentlich zu präsentieren, stellen nicht den Hauptanteil der Bevölkerung dar, weshalb viele von sich behaupten, dass ihnen ein besseres Selbstbewusstsein guttäte. Na dann, rein ins Geschehen! Selbstbewusstsein in diesem Bereich will nach dem Motto »Blamiere dich täglich« geübt werden! So kann man den Schluss daraus ziehen, dass Kritik nicht den Weltuntergang bedeutet und das schauerliche Gefühl der Blamage wieder vergeht. Alles kann kritisiert werden: die schlechtsitzende Frisur, das Kleidungsstück, Unwissenheit, Taktlosigkeit oder Tollpatschigkeit etc. Kinder sorgen dafür, dass Sie regelmäßig in Situationen stolpern, die Sie dazu zwingen, mit einer gewissen Peinlichkeit umzugehen. Natürlich gibt es einen Fluchtweg für Eltern, da sie ja meist die Kinder für die Situation verantwortlich machen können und so oft Verständnis ernten. Aber ungeschoren kommen wir nicht davon! Hier ein paar Kostproben:

Ein seriös gekleideter Vater, Marke »Bankdirektor«, betritt den Kindergarten, um seine Tochter abzuholen. Nach einigen Minuten verlässt er diesen mit dem Kind an der einen Hand, in der anderen trägt er einen Beutel, auf dem Rücken einen kleinen, rosa Rucksack mit Kätzchen darauf. Auf dem Kopf trägt er einen extrem bunten Papierhut mit draufgeklebten Blumen, dem »Wochenthema« und langen Fransen. Die Leute auf der Straße drehen sich nach ihm um und schmunzeln. Ob er jetzt von seinen Angestellten gesehen werden möchte? Und wenn schon: Dann hat er wohl eine etwas dickere Haut in Sachen Blamage bekommen oder gewinnt sogar Sympathiepunkte!

Sind Sie diesem Kavaliersdelikt auch schon verfallen, dass Sie Ihr Kind etwas jünger gemacht haben, da die Karte an der Kassa wegen des Geburtstages vor zwei Monaten deutlich teurer gewesen wäre? Leider gehören Kinder zu den Menschen, die genau das Gegenteil von dem wollen, was uns Erwachsenen wichtig ist: Sie wollen für älter angesehen und das im wahrsten Sinne des Wortes um jeden Preis. Deshalb kann es passieren, dass das Kind beim Kartenkauf empört ruft: »Nein, ich bin nicht mehr drei! Ich bin vier Jahre, Mama!«

Vor Kindern über andere Menschen oder beispielsweise deren Kochkünste zu lästern, ist ein echtes Risiko! Es kann passieren, dass Ihr Kind beim nächsten Besuch laut in die Runde ruft: »Du Papa, das schmeckt dir ja gar nicht!« Wenn Sie nun versuchen, dies zu leugnen, um die Situation noch zu retten, kann der Schuss nach hinten losgehen: »Aber nein, das schmeckt doch eh vorzüglich, ich habe da eine andere Speise gemeint und nicht die von hier«, »Aber nein, Papa! Du hast gesagt, dass das Essen hier zuletzt einfach grausig war, weil du diesen Käse hasst und dir zum Kotzen ist!« Da müssen Sie dann durch, denn es hilft nichts mehr, als die Situation auszuhalten und tapfer und möglichst höflich zu dem zu stehen, was offensichtlich nicht zu leugnen ist. Es hilft auch nicht, dem Kind nun anzudrohen, es ins Auto zu bringen oder dass es daheim sofort ins Bett muss. Das bringt erzieherisch nichts und beweist obendrein, dass das Kind offenbar die Wahrheit gesagt hat. Die Regel für das Kind »doch immer die Wahrheit zu sagen«, muss wohl etwas abgeändert werden. Manchmal ist Reden eben doch Silber und Schweigen Gold!

Das Essen in einem Restaurant kann zum Spießrutenlauf werden, wenn Kinder genau jetzt ihren Wutanfall bekommen, das Essen auf den Boden kracht oder das Baby ausgerechnet bei Tisch die große Notdurft verrichtet und Sie mit einer vollen, den Geruchssinn strapazierenden, Windel fordert. Sie müssen dann mit dem »duftenden« Baby quer durch das Lokal gehen und die Blicke der Suppe schlürfenden Gäste aushalten. Da Babys oft volle Windeln haben, werden Sie sehr bald gelassener werden, auch wenn es in einem Lokal womöglich auf der Toilette keinen Wickeltisch gibt. Dann muss der Wickelakt wahrscheinlich im beigestellten Wagen passieren, wenn das Auto zu weit weg geparkt ist oder es draußen stürmt und schneit.

Weitere Hopplas können passieren, wenn Sie mit dem Flugzeug unterwegs sind und Ihr Kind es in einem unbeachteten Augenblick schafft, die Schwimmweste unter dem Sitz hervorzuholen und aufzublasen! Sie müssen dann je nach Verfassung der Stewardesse mit Charme, Witz oder mit Schuldbewusstsein diese Situation wieder entschärfen. Es lebe die zwischenmenschliche Kommunikationsfähigkeit! So lernen Sie rasch und sicher schlagfertiges Argumentieren!

Durchsetzungsvermögen und Diplomatie

Wenn Kinder älter werden, verändern sich die Möglichkeiten der Blamage nur inhaltlich. Wie geht es Ihnen, wenn Sie zur Elternsprechstunde in die höhere Schule gehen und Sie wissen genau, dass Ihr Kind nicht gerade zu den »Heiligen« in der Klasse gehört? Oder wenn ungerechtfertigt Strafen verhängt oder die Notengebung von der Seite des Lehrers zu kreativ anmutet? Sie müssen in die Schule, weil Sie vielleicht sogar hinbestellt worden sind? Es ist nicht angenehm zu hören, was das eigene Kind womöglich angestellt hat. Ihr Job ist es nun, den Kopf Ihres Lieblings aus der Schlinge zu ziehen und Gründe für dies und das zu finden, ohne zu viel Fantasie dafür aufzubringen, um glaubhaft zu wirken.

Wenn Sie es bisher noch nicht mussten, jetzt sollten Sie lernen, diplomatisch zu sein!

Konsequenz ist in der Erziehung ein wichtiges Werkzeug, um dem Kind beizubringen, was es soll und was nicht. Die »Trotzphase« wird gerne als erschreckendes Beispiel dafür herangezogen, dass Kinder ihren Willen entdecken und uns Eltern auf den Prüfstand stellen, um zu checken, ob wir der Rolle als »Alpha-Tier« tatsächlich gerecht werden. Diese »Check-ups« müssen natürlich regelmäßig vollzogen werden. Leitstuten, manche Primaten und Alphawölfe müssen sich immer wieder beweisen – warum sollte es uns da besser gehen? Nur ist es mit der Trotzphase keineswegs vorbei. Ich denke, dass sie deshalb so beachtet wird, weil sie den Anfang des menschlichen Widerstandes zum Zwecke der Selbstfindung darstellt. Alles, was neu ist, wirkt eben als etwas Besonderes. Aber nach der Trotzphase folgt die »Sechsjahreskrise«, die nahtlos in die Vorpubertät und Pubertät übergeht. Muss ich noch weitermachen? Wie bei so vielen Bereichen sehen wir auch hier, dass sich lediglich die Inhalte verändern. So sind wir vorerst außer uns, wenn das Kleinkind sich erstmalig vor Wut auf den Boden wirft. Aber ist es wirklich einfacher, mit Kindern wegen eines neuen Handys, blauen

Haaren, fragwürdigen Schulleistungen oder Freunden zu diskutieren? Bis es so weit ist, drücken wir bei unseren Kindern die Schulbank, um uns effektiv und gerechtfertigt ausreichend durchzusetzen – und das mit Stil, ohne sich selbst durch Fluchen zu disqualifizieren!

In diesen Bereich fällt das Regeln von Streitigkeiten, was uns nicht erspart bleibt, auch wenn wir selbst nicht streiten wollen: Beide Kinder wollen das rote Bonbon, beide wollen neben den Eltern sitzen, eines spuckt den anderen an, zwickt, kratzt, beißt, verspottet oder tratscht. Der Jüngere darf länger ausbleiben, der Ältere hat schon ein Auto, mit dem man sich nicht blamiert ... Anlässe über Anlässe! Es gibt also immer Stoff, sich weiterzuentwickeln! Solche Herausforderungen zu bewältigen, bergen ausgezeichnete Chancen, selbst widerstandsfähiger und strategisch besser zu werden!

»Damit hätte ich mich nie befasst!« Wissenszuwachs und Gehirnjogging

Wenn man sich zu einer Gruppe junger Mütter gesellt, geht es schon los mit einschlägiger Wissensvermittlung – und dies ist gar nicht sarkastisch gemeint: Verständlich allerdings, wenn sich Kinderlose etwas fehl am Platz fühlen. Da geht es um Pro und Kontra von Stoff- und Papierwindeln, welcher Kinderarzt der beste ist, wo es den neuen Baby-Schwimmkurs gibt, wo sich die Eltern über die besten Einschlaftricks oder die Erfahrungen mit »Kanga-Training austauschen können.

Als Eltern müssen wir uns mit unterschiedlichsten Themengebieten auseinandersetzen, die uns sonst nicht berührt hätten und das fördert wiederum den Weitblick, der unseren Kindern zugutekommt. Natürlich bleibt es nicht bei der

Auseinandersetzung mit Windeln, da sich die Kinder rasch weiterentwickeln und sich somit die Themen schnell ändern. Wenn wir bereits Routine im Zusammenbau von diversen Möbeln mit minimalistischer Anleitung haben, können Bausätze für Kinder wieder für neue Erfahrungen sorgen.

Das Wissen im Umgang mit Kindern erstreckt sich weiter über Belange von Kindergarten und Schule, bis in unterschiedlichste Bereiche, die das Leben begleiten. Schon während der Schwangerschaft bekommen wir Einblick in diverse Untersuchungs- oder Behandlungsmethoden, physiotherapeutische Empfehlungen zum Thema Geburt und Informationen von Hebammen selbst. Später lernen wir den Umgang mit einfachen bis schwereren Infekten. Wir wissen, wie wir mit Babys, die wegen starken Hustens mit abschwellenden Mitteln inhalieren müssen, umzugehen haben, was bei Kehlkopfentzündungen nach Anleitung der Ärzte zu tun ist und wie wir dem Bauchweh mit Kirschkernsäckchen und mit Massagen den verschiedensten Beschwerden zu Leibe rücken können. Dazu kommt das hautnahe Erleben der faszinierenden psychischen Entwicklung des Kindes. Jedenfalls haben alle Eltern so ihre Kinder-Geschichten, die sie oft und gerne erzählen.

Einer unserer Freunde wurde beispielsweise unverhofft zum Geburtshelfer, da seine Frau, es war die zweite Geburt, die Ernsthaftigkeit ihrer plötzlich auftretenden Wehen missdeutete. Als sich diese unklaren Bauchschmerzen als Presswehen enttarnten, hatte sie Glück, dass ihr Mann zufällig daheim war. Denn das kleine Mädchen hatte es viel eiliger, als die Rettung fahren konnte. Ins Schlafzimmer konnte sie nicht, da dort ihr Sohn friedlich schlummerte. Auch musste sie möglichst leise sein, um ihn nicht zu ängstigen. Kurze Gedanken daran, was nun alles bei der Geburt »auf eigene Faust« und »ohne Netz« schiefgehen könnte, wurden von der Tatsache, dass das Baby kompromisslos genau jetzt auf die Welt kommen wollte, verdrängt. Auch der Mann konnte sich keine Angst leisten. Alles ging gut und so fuhren sie später, als die Rettung kam, gemeinsam mit dem Neugeborenen ins Krankenhaus. Dort empfing sie der Abteilungsvorstand mit den Worten: »Ja sowas, Sie brauchen mich ja gar nicht mehr!«

Mein Sohn war gerade dabei, eine seiner ersten Hausübungen in Deutsch zu schreiben. Ich hielt mich in seiner Nähe auf, sollte er Fragen haben und beaufsichtigte auch die um drei Jahre jüngere Tochter. Ich warf einen Blick über seine Schulter: Schön und bemüht schrieb er die richtigen Wörter neben die Bilder in sein Heft: Haus, Maus, Laus, … »Schön!«, dachte ich mir: »Jetzt weiß ich wenigstens, wie eine Laus aussieht, sollten wir da einmal Probleme bekommen!« Genau in diesem Moment kratzte sich mein Sohn am Kopf … »Oh, mein Gott!«, rief ich, »da bewegt sich ja etwas!« Ich sah, wie sich ein winziges, graues Tierchen unter seinen Locken versteckte. Ich jagte mit den Fingern durch den Lockendschungel und fing das Minimonster nach einigen Fehlschlägen doch noch. Ich legte die Beute auf den Tisch, um sie mit der Lupe zu betrachten. Tatsächlich! Das Tier sah genauso aus wie im Deutschbuch meines Sohnes! Ab in die Apotheke! Okay, nun wussten wir nicht nur, wie Läuse aussehen, sondern wie man sie erfolgreich bekämpft! Natürlich zog die Entdeckung dieses kleinen Tieres eine Lawine an Folgearbeiten nach sich, die in der persönlichen Schublade der Erfahrungen untergebracht sind.

»Nie mehr Schule« … oder doch?

Die schwere Schultür fällt hinter mir ins Schloss! Vorbei ist die Schulzeit … für immer! Endlich frei! Stimmt! Aber andererseits doch auch wieder nicht ganz, da wir der Schule wieder betreten werden, wenn wir Kinder haben. Damit meine ich nicht nur das Vorsingen beim Elternsprechtag, sondern

Wir Eltern …

Liebe besteht aus gegenseitigem Vertrauen, dass der andere es gut mit einem meint und sich rückversichert, dass »gut gemeint« auch wirklich gut ist. Dieses Gefühl der Geborgenheit gibt uns das wohlige Gefühl der Sicherheit, vom anderen bedingungslos angenommen zu sein und sich aufeinander verlassen zu können – gleichgültig, welche Herausforderungen das Leben bringt: Wir halten zusammen, keiner ist allein.

Wesentlich erscheint, dass wir uns im Umgang miteinander, insbesondere aber mit unseren Kindern, die Frage stellen, wie die Liebe, die gegenseitige Wertschätzung und das Vertrauen aufgebaut und aufrechterhalten werden können. Halten wir uns daran, was die Erfüllung dieser kollektiven Grundbedürfnisse stärkt, fallen viele vorerst so kompliziert anmutenden Fragen nach der perfekten Erziehung oder dem »richtigen« Miteinander in sich zusammen, weil sie sich letztendlich selbst beantworten.

Wenn wir das verbreitete Symbol für »Ehe« betrachten, sehen wir zwei überschnittene Kreise: Somit sind Gemeinsamkeit und Verbindung, aber auch genug Raum für die persönliche Freiheit gegeben, die gegenseitiges Vertrauen und Bemühen voraussetzt: das Wechselspiel von *Bindung* und *Autonomie*!

Wenn wir es schaffen, unseren Kindern dieses Gefühl sicherer Vertrautheit, auf das sie sich verlassen können, zu vermitteln und ihnen altersentsprechend zur Seite zu stehen, sind wir das, was wir sein wollen. *Gute Eltern.*